R.-S. Müller

REFA · Methodenlehre der Betriebsorganisation

Teil Betriebliche Statistik

 Verband für Arbeitsstudien und Betriebsorganisation e.V.

Methodenlehre der Betriebsorganisation

Betriebliche Statistik

Carl Hanser Verlag, München 1993

Die Deutsche Bibliothek – CIP-Einheitsaufnahme

Methodenlehre der Betriebsorganisation: Betriebliche Statistik
/ REFA – Verband für Arbeitsstudien und Betriebsorganisation e.V.
– 1. Aufl. – München: Hanser, 1993
ISBN 3-446-17703-5
NE: Verband für Arbeitsstudien und Betriebsorganisation

Als Autor dieses Buches wirkte Prof. Dr. Reinhard Hujer in enger Abstimmung mit dem REFA-Institut Darmstadt.

1. Auflage 1993
1.–5. Tausend

© Copyright 1993 by REFA – Verband für Arbeitsstudien
und Betriebsorganisation e.V., Darmstadt
Kommissions-Verlag: Carl Hanser, München

Alle Rechte, insbesondere das der Übersetzung, vorbehalten.
Nachdruck oder fotomechanische Wiedergabe nur mit Genehmigung gestattet.

Druck: Beltz, Hemsbach
Printed in Germany

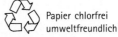 Papier chlorfrei umweltfreundlich

Vorwort

Die betriebliche Praxis, insbesondere das Arbeitsstudium und die Betriebsorganisation, ist ohne statistische Methoden heute nicht mehr denkbar. Zur Steuerung und Kontrolle der betrieblichen Prozesse werden vielfältige Daten erhoben, so zum Beispiel zur Ermittlung von Durchlaufzeiten, zur Lebensdauer von Produkten oder zur Auslastung von Maschinen. Diese Daten können schon aus wirtschaftlichen Gründen in der Regel nur in Form von Stichproben erfaßt werden, die dann statistisch aufzubereiten sind, damit sie als Entscheidungshilfe dienen können.

In dem vorliegenden Teil der REFA-Methodenlehre der Betriebsorganisation sind deshalb die wichtigsten statistischen Methoden, die der Betriebspraktiker benötigt, zusammengefaßt worden. Als Kernbereiche der betrieblichen Statistik werden neben den Grundlagen die Themenbereiche **beschreibende** und **schließende Statistik** sowie **Korrelations-** und **Regressionsrechnung** behandelt. Themenbereiche wie **statistische Qualitätskontrolle** und **Planzeiten** sind wichtige Anwendungsgebiete der Statistik und werden deshalb ausführlich erörtert. Im letzten Kapitel werden Grundlagen und Prinzipien erläutert, die einen sachlich richtigen Umgang mit statistischen Daten und Ergebnissen aufzeigen sollen.

Auch zu dieser Neuerscheinung sind kritische Anregungen aus der Leserschaft willkommen.

Darmstadt, im Oktober 1993

Der Bundesvorstand
des REFA – Verband für Arbeitsstudien
und Betriebsorganisation e.V.

Inhaltsverzeichnis

Betriebliche Statistik

Kapitel 1
Einleitung

1.1	Begriff und Aufgaben der Statistik	10
1.2	Anwendungsbereiche der Statistik	12
1.3	Statistik als Grundlage empirischer Untersuchungen	14

Kapitel 2
Grundlagen der Statitik

2.1	Definition von Begriffen und Messung	18
2.2	Merkmale, Merkmalsausprägungen und Skalentypen	19
2.3	Stichprobe und Grundgesamtheit	21
2.4	Stichprobenerhebung	22
2.5	Methoden der Stichprobenauswahl	24

Kapitel 3
Beschreibende Statistik

3.1	Tabellarische und graphische Darstellung von Stichproben	28
3.2	Lagemaße	47
3.3	Streuungsmaße	52

Kapitel 4
Schließende Statistik

4.1	Normalverteilung	61
4.2	Tests auf Normalverteilung	66
4.3	Test auf Ausreißer	76
4.4	Vertrauensbereiche bei metrisch-skalierten Merkmalen	77
4.5	Parametertests bei metrisch-skalierten Merkmalen	85
4.6	Vertrauensbereiche bei nominal-skalierten Merkmalen	92
4.7	Statistische Qualitätskontrolle als Anwendungsgebiet für die Methoden der beschreibenden und schließenden Statistik	97

Kapitel 5
Korrelations-, Regressions- und Trendrechnung

5.1	Einführung	110
5.2	Korrelationsrechnung	112
5.3	Regressionsrechnung	125
5.4	Fallstudie zur mehrfachen Regression: Planzeitermittlung	153
5.5	Trendrechnung	161

Kapitel 6
Zahlen, Methoden und Interpretationen in der Statistik   171

Literatur   174

Tabellen   175

Formelsammlung   187

Stichwortverzeichnis   197

Kapitel 1

Einleitung

1.1	Begriff und Aufgaben der Statistik	10
1.2	Anwendungsbereiche der Statistik	12
1.3	Statistik als Grundlage empirischer Untersuchungen	14

1 Einleitung

1.1 Begriff und Aufgaben der Statistik

Begriff „Statistik"

„Statistik" wird sowohl in der Wissenschaft als auch in der praktischen Anwendung durch unterschiedliche Begriffsinhalte beschrieben. Häufig versteht man unter „Statistik" mehr oder weniger übersichtlich zusammengestellte Zahlenkolonnen in Tabellen oder Graphiken, in denen Umsatzstatistiken, Bevölkerungsstatistiken, Arbeitslosenstatistiken, Unfallstatistiken, etc. präsentiert werden. In diesem Sinne wurde auch der Begriff „Statistik" gegen Ende des 17. Jahrhunderts geprägt und bedeutete ganz allgemein die „Lehre von der Zustandsbeschreibung des Staates", also das Sammeln von Daten über Heer, Gewerbe und Bevölkerung. Die moderne Statistik geht über diese rein beschreibende Aufgabe hinaus und stellt Methoden zur Verfügung, die zur Datensammlung, zur Aufbereitung und Analyse der Daten dienen. Das Ziel der Verwendung von statistischen Methoden besteht darin, Behauptungen, Hypothesen, beispielsweise im Hinblick auf die Einhaltung der Qualität bei der Fertigung eines Werkstückes zu überprüfen, zu einer fundierten, rationalen Entscheidungsfindung beizutragen und das Risiko von Entscheidungen durch sorgfältige Analysen zu verringern. Grundlage für eine statistische Analyse ist stets eine inhaltlich möglichst genau abgegrenzte Fragestellung und die Beschreibung des Untersuchungsziels.

Beispiele

Beispiel 1: In der Qualitätskontrolle-Abteilung eines Unternehmens werden die produzierten Teile auf Ausschuß bzw. Nicht-Ausschuß oder auch im Hinblick auf ihre Maßhaltigkeit überprüft, um die Qualität der Produktion zu sichern und die vertraglich vereinbarten Gütekriterien einzuhalten.

Beispiel 2: Durch die Auswertung von Multimomentaufnahmen, z.B. in der Kundenabteilung einer Sparkasse, sind Hinweise darüber zu erhalten, in welcher Weise und mit welchem Personaleinsatz die Arbeitsabläufe optimal gestaltet werden können.

Stichprobe

Will man Informationen zur Analyse dieser Problemstellungen erhalten, so ist es zunächst notwendig, Daten über die entsprechenden Bereiche zu erheben. Es stellt sich die Frage: Sollen beispielsweise alle produzierten Teile erfaßt werden, oder kann man sich mit einem Ausschnitt, einem Teil aus der gesamten Produktionsmenge begnügen? Sicherlich liefert eine Totalerhebung die umfassendsten Informationen, doch sie verursacht hohe Kosten und benötigt hohen Zeitaufwand. Weiterhin ist zu beachten, daß eine Totalerhebung in manchen Fällen auch grundsätzlich unmöglich ist, z.B. bei der Untersuchung über die Lebensdauer bestimmter Produkte.

Begriff und Aufgaben der Statistik — Einleitung 1.1

Es ist zumeist üblich, die notwendigen Informationen lediglich aus einem Ausschnitt aller möglichen Daten, aus der sogenannten **Stichprobe** abzuleiten. Für die beiden oben genannte Beispiele kann die jeweilige Stichprobe beschrieben werden.

Beispiel 1: Aus den insgesamt produzierten 1000 Fertigungsteilen werden 100 Teile als Stichprobe ausgewählt und nach den Kriterien „Ausschuß/Nicht-Ausschuß" bzw. „Maßhaltigkeit" ausgewertet.

Beispiel 2: Es werden 1500 Beobachtungen in der Kundenabteilung zu zufällig ausgewählten Zeitpunkten gemacht und festgestellt, wie häufig verschiedene Tätigkeitsarten vorkommen.

<small>Beispiele</small>

Während die Stichprobe im Beispiel 1 durch 100 produzierte Teile repräsentiert wird, umfaßt die sog. **Grundgesamtheit** insgesamt 1000 Teile, d.h. sie ist die Gesamtheit aller produzierten Teile. Wertet man nun die Informationen aus den 100 produzierten Teilen, d.h. die Stichprobe aus, beispielsweise durch Errechnung eines Mittelwerts, so verwendet man Methoden der **beschreibenden (deskriptiven) Statistik**.

<small>Grundgesamtheit</small>

Das Ziel der statistischen Analyse ist es jedoch, eine Aussage über alle 1000 produzierten Teile, d.h. über die Grundgesamtheit zu machen. Da aber meist nur die Stichprobeninformationen verfügbar sind, z.B. wegen des Zeitaufwandes, und damit beispielsweise der Mittelwert aller produzierten Teile unbekannt ist, wird es notwendig, die Stichprobenergebnisse für eine Aussage über die Grundgesamtheit zu verwenden. Dazu sind die Methoden der **schließenden (induktiven) Statistik** zu verwenden, mit denen es beispielsweise gelingt, den Mittelwert aller produzierten Teile zu schätzen.

<small>Beschreibende und schließende Statistik</small>

Die Anwendung der Methoden der beschreibenden und schließenden Statistik wird gerade heute für staatliche und unternehmerische Entscheidungen immer bedeutsamer. Intuition reicht nicht mehr aus, vielmehr sind Informationen, Datenanalyse und -verarbeitung sowie eine sorgfältige Interpretation der Ergebnisse notwendig. Die Anwendung statistischer Methoden ist deshalb heute für die Entscheidungsvorbereitung und die Begründung von Maßnahmen unabdingbar geworden. Selbst komplizierte statistische Methoden können dazu verwendet werden, da die Voraussetzungen hierzu durch die DV-Entwicklung (z.B. PC-Hardware und Statistik-Software-Pakete) heute gegeben sind.

1.2 Anwendungsbereiche der Statistik

Sozialwissenschaften

Die Statistik hat in vielen Wissensdisziplinen ein breites Anwendungsspektrum. In den **Sozialwissenschaften** kommt dabei der statistischen Auswertung der Meinungs- und Umfragedaten eine besondere Bedeutung zu. Solche Informationen dienen beispielsweise dazu, Wahlprognosen zu erstellen, Imageprofile von Produkten oder Unternehmen zu analysieren oder Einstellungen von Personen zu bestimmten gesellschaftspolitischen Entwicklungen mit Hilfe sog. Sozialindikatoren, wie Arbeitszufriedenheit, politische Meinungen etc. zu untersuchen.

Medizin und Psychologie

In der **Medizin** und **Psychologie** stehen Analysen der Ursachen für bestimmte Krankheitsverläufe im Vordergrund. Sie sind notwendig, um gezielte Therapien anwenden zu können, also beispielsweise Risikofaktoren, wie Bluthochdruck, ausschalten zu können. Weiterhin können die Heilungs- bzw. Überlebenschancen für Personen oder Personengruppen bei typischen Krankheitsbildern mit statistischen Methoden geschätzt werden.

Ingenieurwissenschaften

Eine lange Tradition und vielfältige Anwendungen hat die Methodik der Statistik auch in den **Ingenieurwissenschaften**. Der Auswertung von Meßreihen kommt dabei eine zentrale Bedeutung zu. Welche Streuung ist festzustellen, kann eine symmetrische Verteilung der Meßwerte unterstellt werden? Auf welche Weise sind Meßfehler zu berücksichtigen? Diese grundlegenden Probleme sind auch zu beachten, wenn im Rahmen der statistischen Qualitätskontrolle Regelkarten eingeführt werden und die Qualität der gefertigten Teile überwacht wird. Das System der Qualitätssicherung erfordert den Einsatz von Methoden der beschreibenden und schließenden Statistik und ist oftmals Grundlage von vertraglichen Vereinbarungen zwischen Produzent und Abnehmer. Darüber hinaus dient das Instrument der statistischen Qualitätskontrolle auch dazu, Fehler von vornherein zu vermeiden und so zu einer permanenten Qualitätsverbesserung des Arbeitsergebnisses beizutragen. Ein weiteres wichtiges Anwendungsfeld ist die Schätzung der Lebensdauer technischer Erzeugnisse, z.B. Glühlampen, Reifen. Will man den jährlichen Ersatzbedarf berechnen oder den Umfang der Lagerhaltung von Ersatzteilen beurteilen, so muß man ihre mittlere Lebensdauer oder ihre Lebenskurve kennen. Neben der Lebensdauer ist vor allem die Zuverlässigkeit von Geräten bedeutsam. Dabei versteht man unter Zuverlässigkeit die Wahrscheinlichkeit für einen störungsfreien Betrieb während einer bestimmten Zeit.

Anwendungsbereiche der Statistik — Einleitung 1.2

Auch in den **Wirtschaftswissenschaften** ist die Anwendung statistischer Methoden in Wissenschaft und Praxis unverzichtbar geworden. Im Rahmen volkswirtschaftlicher Studien wird mit Hilfe statistischer Methoden beispielsweise nach den Ursachen der Arbeitslosigkeit gefragt, es werden die Bestimmungsgründe für das Investitions- und Konsumverhalten untersucht und die wechselseitigen Abhängigkeiten im volkswirtschaftlichen Kreislauf analysiert. Schließlich werden auch die Wirkungen wirtschafts- und sozialpolitischer Maßnahmen, z.B. einer Steuerreform, auf wichtige volkswirtschaftliche Größen, wie verfügbares Einkommen, Beschäftigung, Konsum und Investitionen ermittelt. Von ebenso großer Bedeutung ist die Erstellung von zuverlässigen Prognosen, die sich auf Analysen der Entwicklung in der Vergangenheit stützen müssen. Prognosen sind ein zentraler Bestandteil einer modernen Wirtschafts- und Sozialpolitik.

Wirtschaftswissenschaften

Dies gilt auch für die operative und strategische Unternehmensplanung. Prognosen, wie beispielsweise Marktanteilsprognosen auf der Grundlage von Trendrechnungen dienen dazu, realistische Unternehmensziele zu formulieren, eine bessere Koordination zwischen Zielen und Maßnahmen zu ermöglichen und mögliche Risiken von unternehmerischen Entscheidungen rechtzeitig zu erkennen. Auch ein modernes Marketing-Konzept ist ohne die Anwendung statistischer Methoden heute nicht mehr denkbar. Die Methoden werden beispielsweise dazu verwendet, Einkaufsverhalten von Kunden nach bestimmten Kriterien, z.B. Alter und Haushaltsgröße, zu beschreiben, d.h. es werden bestimmte Zielgruppen gekennzeichnet, um gezielte Werbestrategien für einzelne Käuferschichten einsetzen zu können.

Schließlich werden statistische Methoden auch im Rahmen der **Arbeitswissenschaft** verwendet. Bei der Gestaltung eines Arbeitsplatzes geht es beispielsweise nicht darum, den Arbeitsplatz für eine einzige Person mit bestimmten Eigenschaften zu gestalten, sondern eher darum, variable Arbeitsbereiche (Arbeitshöhen und Greifräume) für eine Gruppe von Personen mit unterschiedlichen Eigenschaften vorzusehen. Hierzu werden die Körpermaße von unterschiedlichen Personen gemessen, statistisch ausgewertet und die Ergebnisse für die Anwendung aufbereitet.

Arbeitswissenschaft

1.3 Statistik als Grundlage empirischer Untersuchungen

Schritte bei empirischen Analysen

Im Rahmen von empirischen Untersuchungen kommt der Statistik im allgemeinen eine bedeutende Rolle zu. Folgende Schritte sind dabei erforderlich:

1) **Problemformulierung** und **Zielsetzung**: Grundlage und Ausgangspunkt einer Untersuchung ist die möglichst exakte inhaltliche Beschreibung des interessierenden Problembereichs.

   Beispiel: Es soll die Entwicklung des Absatzes eines Produktes in einem bestimmten Zeitraum analysiert und die Ursachen für den zeitlichen Verlauf in der Vergangenheit bestimmt werden. Ziel ist ein geeignetes Marketing-Konzept zur Steigerung des Absatzes in den kommenden Jahren.

2) **Bildung von Hypothesen**: Es werden sinnvolle Hypothesen abgeleitet und zur Diskussion gestellt.

   Beispiel: Es wird vermutet, daß der Absatz vor allem vom Preis und den Werbeausgaben abhängt. Zwischen Absatz und Preis wird ein linearer Zusammenhang, zwischen Absatz und Werbeausgaben eine nichtlineare Beziehung als Hypothese angenommen.

3) **Überprüfung der Hypothesen**: Eine Überprüfung der Hypothesen ist möglich, wenn die notwendigen Daten gesammelt, aufbereitet und alternative Modelle aufgestellt werden. Das Ergebnis ist die Wahl eines Modells, das sowohl den statistischen als auch den inhaltlichen Anforderungen genügt.

   Beispiel: Es werden Quartalsdaten über den Absatz, die Werbeausgaben und den Preis des Produkts im Zeitraum 1980-1993 erhoben und zunächst ein lineares Modell bzw. nichtlineare Modelle als Alternativen aufgestellt. Es wird das Modell ausgewählt, das die statistischen und inhaltlichen Kriterien am besten erfüllt. Dann wird eine Analyse der Beziehungen zwischen dem Absatz einerseits und dem Preis bzw. den Werbeausgaben andererseits durchgeführt, um die Wirkung zwischen Ziel- und Einflußgrößen ermitteln zu können. Zielgröße ist der Absatz, Einflußgrößen sind der Preis und die Werbeausgaben.

4) **Beurteilung und Anwendung**: Die Modelle sind im Hinblick auf ihre Güte zu überprüfen und die Ergebnisse inhaltlich zu interpretieren. Es ist zu fragen, ob die angenommenen Hypothesen widerlegt werden können und in welcher Weise die Modelle verbessert werden können. Es kann auch notwendig werden, andere Modelle zu überprüfen und auch neue oder zusätzliche Daten zu erheben. Erfüllen die entwickelten Modelle die statistischen und inhaltlichen Gütekriterien, so können sie zur Anwendung, d.h. zur Prognose und zur Entscheidungsbildung herangezogen werden.

Beispiel: Die Analyse der zeitlichen Entwicklung des Absatzes zeigt, daß beispielsweise ein nichtlinearer Ansatz das geeignete Modell ist. Dieses wird dann zur Prognose verwendet. Zeigt sich weiterhin, daß der Absatz sowohl preis- als auch werbeabhängig ist, so kann festgestellt werden, welche Absatzänderungen bei unterschiedlichen Preisen und Werbeausgaben zu erwarten sind. Auf dieser Grundlage sind auch Entscheidungen für eine möglichst optimale Marketing-Strategie zu treffen.

Kapitel 2

Grundlagen der Statistik

2.1	Definition von Begriffen und Messung	18
2.2	Merkmale, Merkmalsausprägungen und Skalentypen	19
2.3	Stichprobe und Grundgesamtheit	21
2.4	Stichprobenerhebung	22
2.5	Methoden der Stichprobenauswahl	24
2.5.1	Bewußte Auswahl	24
2.5.2	Zufallsauswahl	25

2 Grundlagen der Statistik

2.1 Definition von Begriffen und Messung

Definition von Begriffen

Wichtigste Voraussetzung für die Durchführung einer statistischen Analyse ist die exakte Definition der verwendeten Begriffe zur Problembeschreibung. Wird in einer Untersuchung der Begriff des „Produkt-Image" verwendet, so ist dieser Begriff zunächst sehr unbestimmt. Es ist also notwendig, eine eindeutige Definition im Hinblick auf das Untersuchungsziel vorzunehmen. Das Image eines bestimmten Autotyps wird beispielsweise durch den Preis, die Form, die Zuverlässigkeit und die Reparaturanfälligkeit bestimmt. Der zunächst unbestimmte Begriff „Produkt-Image" wird also durch bestimmte Kriterien näher charakterisiert. Zur Durchführung einer statistischen Analyse sind für diese Kriterien Informationen zu sammeln. Sie müssen also numerisch erfaßt werden, d.h. gemessen werden. Für statistische Untersuchungen folgt daraus eine wichtige Erkenntnis: Die theoretischen Begriffe als Grundlage einer Untersuchung haben zumeist einen umfassenden, breiten Inhalt und können von verschiedenen Forschern auch unterschiedlich definiert und abgegrenzt werden. Sollen diese durch Daten beschrieben werden, ist eine Eingrenzung des Begriffsinhalts erforderlich. Oft wird die Definition auch von der Verfügbarkeit von Daten bestimmt. Die spezifische, je nach Problemstellung vorgenommene Abgrenzung der Begriffsinhalte muß vor allem bei der Interpretation der empirischen Ergebnisse beachtet werden, denn es besteht die Gefahr, daß inhaltliche Folgerungen gezogen werden, die über die Aussagefähigkeit der zugrundeliegenden Daten hinausgehen. Deshalb ist es bei jeder statistischen Untersuchung unabdingbar, die verwendeten Variablen genau abzugrenzen und zu beschreiben, damit die Daten nach diesem Konzept erhoben bzw. ausgewählt werden können und schließlich eine richtige Interpretation der Ergebnisse erfolgen kann.

2.2 Merkmale, Merkmalsausprägungen und Skalentypen

Bei jeder statistischen Untersuchung interessieren an einer statistischen Einheit, z.B. einer Person, ein oder mehrere Merkmale (charakteristische Eigenschaften). So sind beispielsweise bei einer Person folgende Merkmale für eine Analyse bedeutsam: Alter, Einkommen, Bildung usw. Jedes Merkmal hat zwei oder mehr Merkmalsausprägungen, z.B. für das Merkmal „Alter" hat die Merkmalsausprägung 1, 2, 3, 4,... Jahre. Je nach Art des Merkmals werden diese durch verschiedene Skalenarten erfaßt. Wir unterscheiden folgende Typen (Bild 1):

1) Nominalskala: Es werden Eigenschaften zu deren Unterscheidung nur benannt.

   Beispiel: Das Merkmal „Farbe" hat die Ausprägungen rot, grün, schwarz, ...

2) Rang- oder Ordinalskala: Es wird ein Vergleich von Eigenschaften nach Unterschieden zur Festlegung einer Ordnung vorgenommen.

   Beispiel: Das Merkmal „Examensnote" hat die Ausprägungen sehr gut, gut, befriedigend, ...

3) Intervallskala: Es liegt ein Meßsystem zugrunde, und die Abstände zwischen den einzelnen Merkmalsausprägungen sind sinnvoll zu quantifizieren.

   Beispiel: Das Merkmal „Temperatur in Grad Celsius" hat die Ausprägungen -10, -5, +1, +10, ...

4) Verhältnisskala: Neben den Eigenschaften der Intervallskala hat die Verhältnisskala noch einen absoluten Nullpunkt. Im Gegensatz zu intervallskalierten Merkmalen ist hier der Quotient zweier Merkmalsausprägungen sinnvoll interpretierbar.

   Beispiel: Das Merkmal „monatliches Einkommen" hat die Ausprägungen 2000 DM, 3000 DM, 4000 DM, ...

Intervall- und Verhältnisskalen werden auch als **metrische Skalen** bezeichnet. Bei den metrisch-skalierten Merkmalen unterscheidet man zwischen **diskreten** und **stetigen** Merkmalen. Ein Merkmal ist diskret, wenn es auf einer metrischen Skala nur ganzzahlige Werte annehmen kann. Kann es dagegen – zumindest in einem bestimmten Intervall – jeden beliebigen Wert annehmen, dann liegt ein stetiges Merkmal vor. Beispiele für diskrete Merkmale sind Zahl der Beschäftigten, Zahl der PKWs; als stetige Merkmale können Lebensalter, Länge eines Werkstückes, Füllgewicht genannt werden.

2.2 Grundlagen der Statistik — Skalentypen

Die unterschiedlichen Skalentypen bestimmen die jeweils anzuwendende statistische Analysemethode. So ist beispielsweise für nominal-skalierte Merkmale kein arithmetisches Mittel zu berechnen, und bei einer Korrelationsanalyse sind für metrisch-skalierte Merkmale andere Methoden zu verwenden als für nominal-skalierte Merkmale.

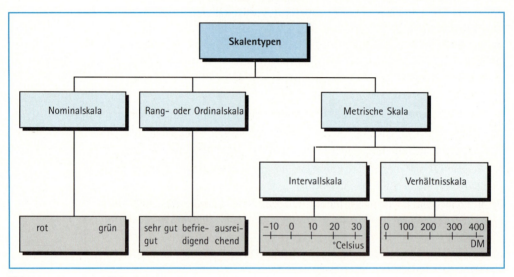

Bild 1   Skalentypen

2.3 Stichprobe und Grundgesamtheit

Grundlage für die statistische Analyse sind die Daten der Stichprobe (z.B. 100 Werkstücke). Die Stichprobe ist eine Teilmenge aus der Grundgesamtheit, d.h. der Gesamtmenge aller statistischen Einheiten. Zu einer Grundgesamtheit sind nur solche statistischen Elemente zusammenzufassen, die vom Untersuchungszweck her als **gleichartig** anzusehen sind. Um dies sicherzustellen, wird die Grundgesamtheit

- zeitlich,
- räumlich,
- sachlich,

abgegrenzt und beschrieben.

Die zeitliche Abgrenzung bezieht sich auf die Angabe des Untersuchungszeitraums oder -zeitpunktes, z.B. 1980 bis 1993 oder 01.01.1993. Die räumliche Abgrenzung wird z.B. nach Regionen, Ländern, usw. vorgenommen. Die Kennzeichnung unter sachlichen Kriterien erfolgt entsprechend dem Untersuchungsziel, z.B. Analyse der Entwicklung des Umsatzes in DM.

Grundgesamtheiten können bezüglich der darin enthaltenen statistischen Einheiten **endlich** oder **unendlich** sein.

*Beispiel 1: Eine Lieferung von 5000 Ersatzteilen trifft ein. Über sie ist eine Qualitätsaussage zu treffen. Es liegt hier eine **endliche** Grundgesamtheit vor.*

*Beispiel 2: Das Fertigdrehen einer Bremsscheibe wird fortlaufend überwacht. Die aktuellen Mittelwerte und Streuungen der Scheibendicke werden bis zum Vorliegen des nächsten Entnahmeergebnisses 'in die Zukunft fortgeschrieben'. Hierbei wird von dem Modell einer **unendlichen** Grundgesamtheit ausgegangen, wie es typisch für eine Prozeßsteuerung im Rahmen der statistischen Qualitätskontrolle ist.*

Ist die zu analysierende Grundgesamtheit beschrieben, so ist zu entscheiden, ob Daten über die Grundgesamtheit **(Vollerhebung)** oder über eine Stichprobe **(Teilerhebung)** verwendet werden sollen. Vollerhebungen sind nicht möglich, wenn Lebensdauer-Untersuchungen durchgeführt werden sollen. Nicht nötig sind Vollerhebungen, wenn Zeit und Kosten gespart und wichtige Erkenntnisse auch mit Stichprobenerhebungen gewonnen werden können. Dies trifft zum Beispiel für die Qualitätssicherung zu. Dort wird das Entstehen von Fehlern durch regelmäßige (stichprobenhafte) Teilentnahmen überwacht.

2.4 Stichprobenerhebung

Repräsentativität

Die Stichprobe soll in einer statistischen Untersuchung so ausgewählt werden, daß sie möglichst alle Eigenschaften der Grundgesamtheit erfaßt, d.h. ein getreues Abbild der Grundgesamtheit darstellt und damit repräsentativ ist.

Stichproben können aufgrund zweier unterschiedlicher Verfahren ausgewählt werden:
- Prinzip der bewußten Auswahl
- Prinzip der Zufallsauswahl.

bewußte Auswahl

> Bei der bewußten Auswahl werden die Einheiten der Grundgesamtheit nach den Kenntnissen über ihre Zusammensetzung, d.h. aufgrund gezielter Überlegungen in der Stichprobe mit dem Ziel einer möglichst guten Repräsentativität berücksichtigt.

Dies hat zur Folge, daß bei bewußter Auswahl keine Fehlerrechnung durchgeführt werden kann, während dies bei der zufälligen Auswahl mit Hilfe der Wahrscheinlichkeitsrechnung möglich ist. Zufallsstichproben setzen eine gründlichere Planung voraus und sind im Vergleich zu Stichproben auf der Grundlage bewußter Auswahl auch teurer.

Zufallsauswahl

> Nach dem Zufallsprinzip wird die Stichprobe so ausgewählt, daß jedes Element der Grundgesamtheit die gleiche Chance hat, in die Auswahl zu gelangen.

Für eine zufällige Auswahl werden Zufallszahlen, die aus Zufallstafeln abgelesen oder durch Computer generiert werden, verwendet. Für jede Zahl zwischen 1 und 9 besteht dabei die gleiche Auswahl-Chance (Bild 2).

Beispiel: Aus einer Grundgesamtheit von 1000 Antragsformularen soll eine Stichprobe mit einem Auswahlsatz von 10% gezogen werden. Die Formulare sind von 1 bis 1000 durchnumeriert. Zunächst ist aus der Zufallstafel ein beliebiges Zahlenfeld herauszugreifen, dann sind die Zahlen in dreistelligen Zahlengruppen zu ordnen: 224, 296, 800 usw. Gemäß einem Auswahlsatz von 10% wird dann das Formular mit der entsprechenden Nummer herausgezogen. Dies wird solange fortgesetzt, bis die Stichprobengröße n = 100 erreicht ist.

Stichprobenerhebung					Grundlagen der Statistik						2.4

16306	21417	11021	78499	17466	49767	05661	40786	57832	85454	27504	59472	40029
74442	41284	63927	25310	85664	61316	43388	26151	21941	54740	23158	20997	90044
61695	06715	55820	61639	71878	61647	95685	84224	51113	55591	26313	42061	17906
42173	05639	67119	70012	96940	65378	00010	60999	03300	62587	00924	26804	88462
81229	10571	62302	09370	83731	61114	47866	88642	12551	37111	25930	00508	41738
86448	27548	06746	78496	81279	48964	42620	14746	28963	78167	52819	28686	33002
71457	77393	36360	03979	80008	87689	93212	20493	26428	72294	45656	40098	31325
72966	32633	60242	89866	70574	37177	29202	98341	21038	87976	07023	30728	41263
10935	76454	65249	45078	30737	03889	60941	29174	22410	50300	84209	09039	12883
32176	85399	04899	32554	32464	25351	77653	16848	61501	51967	14813	57784	67955
26773	66437	05533	99762	01477	31072	19987	15062	44540	91686	72312	43138	17731
01612	96519	95353	02691	20479	91023	26089	77497	00153	70205	43681	43227	20674
65977	71357	00516	76193	79339	58177	76124	10911	81950	39965	99495	05014	67683
50255	29322	10612	54191	81218	30109	37677	34467	94609	98732	89979	78413	82700
41004	51025	84392	79217	98234	19996	80801	20279	23794	97684	77626	55355	09676
→ 22429	68008	08102	63060	56059	79805	87501	32874	19824	77155	48598	86356	80336
12037	03536	35615	85508	25833	82478	14199	50485	00895	44541	03653	93590	62101
38734	10080	22254	28424	14898	90710	68960	14487	84639	30456	77175	82134	32270
68480	37291	41987	75747	74753	72559	05008	77603	76621	75033	84067	05893	35366
91500	45496	45122	72765	59422	10660	57193	47658	92872	07514	92355	82508	18473
72169	50047	39963	61332	00452	90031	49419	80981	49467	93133	83582	57315	89164
72279	85032	26525	03893	33411	42784	67040	43975	86429	18851	35463	27257	06124
24808	52507	90679	43116	48351	38936	91836	84794	29863	01497	60538	66252	88973
68864	00377	31225	01123	77571	40283	43031	24127	07951	36095	45503	74735	70073
22114	73931	55194	39681	12674	15995	29812	44128	53699	22708	51520	98318	24268
69348	38436	90640	88176	66401	00424	18905	95497	20492	15659	76298	34149	45330
57190	87281	31453	22638	69500	93568	05695	13095	95073	90044	67693	17276	50950
10702	72356	86580	55296	64587	20247	84179	03964	21730	09145	95948	97052	49083
35610	91403	15470	96463	46542	34643	47500	32483	40748	45283	65361	30494	20498
09392	51770	04522	93095	40434	76504	95200	22431	90202	22961	05714	30553	09756
64728	87734	49227	60361	92139	77356	21495	74427	88837	81035	53244	66440	58339
11526	14761	93907	00599	73820	92305	68289	38567	01082	89660	15939	94755	40589
79704	89041	17796	89665	05969	26546	59010	81623	34204	65110	98966	21697	53936
00031	24042	72983	30035	96189	52989	92378	04275	48980	13495	16514	46897	95256
68745	97695	58171	74260	93984	89839	19958	38567	03081	84411	97276	15019	25091
96364	89856	15662	30815	00073	33712	98686	08366	15277	52697	79359	94731	43009
60070	90971	42331	51545	10055	95761	55585	12328	99408	45866	62473	85918	18974
94249	42099	57920	55254	55644	01251	24927	41966	17487	00966	30455	61605	00859
33090	50883	97011	71419	46845	31388	32927	00347	25387	71881	07561	75273	12368
62951	14153	61224	88503	71795	52232	11555	98130	78160	30685	28888	25773	60279
16313	76053	22701	30811	38397	37019	83496	22773	38759	27838	72614	25482	73628
57557	00944	70492	65195	39261	52375	67532	03186	50804	60355	90438	96415	45951
34457	13100	74351	15222	36937	95391	38680	96829	09301	19109	64868	37636	48865
73913	53722	04084	35318	93261	32953	43131	07285	40347	08740	93193	88888	44039
67290	45074	66311	84817	24603	52913	14359	30710	37032	95114	73025	23230	34848

Gleichverteilte Zufallszahlen

Bild 2

2.5 Methoden der Stichprobenauswahl

2.5.1 Bewußte Auswahl

bewußte Auswahl

Die bekannten Methoden der bewußten Auswahl sind
- die typische Auswahl,
- die Auswahl nach dem Konzentrationsprinzip und
- die Quotenauswahl.

typische Auswahl

Bei der **typischen Auswahl** werden Einheiten bestimmt, die für die Grundgesamtheit als „typisch" gelten, d.h. es werden solche Auswahlmerkmale bestimmt, die sich aus Kenntnissen über die Grundgesamtheit gewinnen lassen. Mit diesem Verfahren sind allerdings nur sehr grobe Schätzungen möglich.

Beispiel: Will man die Investitionsbereitschaft von Unternehmen einer Branche analysieren, so könnte man als „typische" Betriebe diejenigen wählen, die die durchschnittliche Größe aller Betriebe in der Branche aufweisen.

Konzentrationsprinzip

Bei der Auswahl nach dem **Konzentrationsprinzip** versucht man, nur wesentliche Einheiten in der Stichprobe zu berücksichtigen, unbedeutende Einheiten werden nicht einbezogen („cut-off"-Verfahren).

Beispiel: Es soll die Nachfrage nach Investitionsgütern in einer bestimmten Branche analysiert werden. Dabei ist bekannt, daß die Nachfrage von wenigen Großbetrieben fast vollständig befriedigt werden kann und Kleinbetriebe einen nur geringen Anteil haben. Es liegt nahe, nur die Großbetriebe in der Stichprobe zu berücksichtigen, da der zusätzliche Informationsgewinn durch die Befragung der Kleinbetriebe möglicherweise gering ist und auch Kosten gespart werden können.

Quotenauswahl

Die wichtigste Methode der bewußten Auswahl ist jedoch die **Quotenauswahl**. Die Stichprobenauswahl erfolgt bei dieser Methode nach bestimmten Quoten, d.h. dem Verhältnis, nach dem bestimmte Ausprägungen eines Merkmals in der Stichprobe enthalten sein sollen. Im Rahmen dieser Quoten haben beispielsweise die Interviewer die Freiheit, welche statistischen Einheiten sie in der Stichprobe berücksichtigen.

Beispiel: Es soll die Nachfrage nach einem bestimmten Konsumgut analysiert werden. Im Hinblick auf die Fragestellung bietet sich beispielsweise eine Erhebung nach den Quotierungsmerkmalen Geschlecht, Alter und Erwerbstätigkeit an. Aufgrund einer Vollerhebung sind die Anteilswerte für die Grundgesamtheit bekannt, z.B. für das Kriterium „Geschlecht" männlich: 48%, weiblich: 52%; für das Kriterium „Alter" 15 Jahre und jünger: 20%, 15 bis 45 Jahre: 43%, usw. Soll eine Stichprobe vom Umfang 2000 nach der Quotenauswahl erhoben werden, so sind 960 männliche und 1040 weibliche Personen; 400 Personen unter 15 Jahren, usw. in die Stichprobe einzubeziehen.

2.5.2 Zufallsauswahl

Das Prinzip der Zufallsauswahl bedient sich der Wahrscheinlichkeitsrechnung und erlaubt es, Vertrauensbereiche für die unbekannten Kenngrößen der Grundgesamtheit anzugeben. Man unterscheidet:

- einfache Zufallsstichprobe
- geschichtete Stichprobe
- Klumpenstichprobe.

Methoden der Zufallsauswahl

Eine **einfache Zufallsstichprobe** ist gegeben, wenn die Auswahlchance für jede statistische Einheit (Person, Werkstück) gleich ist.

Beispiel: Eine Stichprobeninventur soll durchgeführt werden. Zunächst bestimmt man die Grundgesamtheit und die Größe des Sortiments N. Vorerhebungen und Genauigkeitsanforderungen bestimmen den Stichprobenumfang n. Dann werden n gleichverteilte Zufallszahlen zwischen 1 und N ermittelt. Sie geben die Artikelnummern an, die in der Stichprobe mit Menge und Preis berücksichtigt werden.

einfache Zufallsstichprobe

Ist die Grundgesamtheit sehr inhomogen, so ist eine **geschichtete** Zufallsauswahl erforderlich. Die Grundgesamtheit wird dabei in Schichten aufgeteilt, die in sich möglichst homogen, untereinander aber heterogen sein sollten. Ein wichtiges Problem ist die Wahl der sog. Schichtungsmerkmale und der Anzahl der Schichten.

geschichtete Zufallsstichprobe

Beispiel: Bei der Inventur bietet sich als Schichtungsmerkmal der Preis eines Artikels an, denn es besteht einerseits ein enger inhaltlicher Zusammenhang zum Positionswert als dem Produkt aus Menge und Preis, andererseits ist eine Differenzierung des Lagers nach Preiskategorien sinnvoll. Die Anzahl der Schichten hängt vom Grad der Inhomogenität der Grundgesamtheit ab.

Eine weitere Alternative ist das **Klumpenstichprobenverfahren**. Die Grundgesamtheit wird dabei in Klumpen zerlegt und nach dem Zufallsprinzip einige dieser Klumpen ausgewählt. Erhebt man alle Merkmalswerte dieser Klumpen, so spricht man von einem einstufigen Verfahren; wählt man innerhalb der Klumpen nach dem Zufallsprinzip aus, so liegt ein mehrstufiges Auswahlverfahren vor. Die Klumpenstichprobe ist ein guter Ersatz für die einfache Zufallsstichprobe, wenn die Klumpen in bezug auf das interessierende Merkmal die Grundgesamtheit möglichst gut widerspiegeln. Ein Klumpen sollte also die ganze Vielfalt der Merkmalsausprägungen der Grundgesamtheit enthalten und nicht – wie bei der Schichtenbildung – relativ homogen sein.

Klumpenstichprobe

2.5.2 Grundlagen der Statistik — Zufallsauswahl

Beispiel: Ein Unternehmen hat eine Reihe von Verkaufsstellen im gesamten Bundesgebiet. Es soll eine Inventur durchgeführt werden. Die Grundgesamtheit umfaßt alle Artikelpositionen in allen Lagern des Unternehmens. Unter der Annahme, daß die Verkäufe in allen Verkaufsstellen ähnlich sind, ist zu erwarten, daß ähnliche Bestände in den verschiedenen Lagern gegeben sind. Dann ist es möglich, lediglich einige Lager in der Stichprobe zu berücksichtigen. Ein Klumpen ist dabei der Lagerbestand einer Verkaufsstelle. Je nachdem, ob eine Vollinventur oder eine Zufallsauswahl innerhalb der Klumpen erfolgt, findet das einstufige oder mehrstufige Verfahren Verwendung.

Kapitel 3

Beschreibende Statistik

3.1	Tabellarische und graphische Darstellung von Stichproben	28
3.1.1	Nominal- und rang-skalierte Merkmale	28
3.1.2	Metrisch-skalierte Merkmale	30
3.2	Lagemaße	47
3.3	Streuungsmaße	52

3 Beschreibende Statistik

Ziel der beschreibenden Statistik

Eine statistische Erhebung beinhaltet im allgemeinen eine Fülle von Einzelinformationen zu einem interessierenden Sachverhalt.

> Mit Hilfe der beschreibenden (deskriptiven) Statistik ist es möglich, eine Vielzahl von Einzelinformationen, die unabhängig voneinander sind, übersichtlich darzustellen (tabellarisch, graphisch) und auf wenige Stichprobenkenngrößen zu verdichten.

Zunächst wird dabei nur ein Merkmal analysiert (eindimensionale Analyse). Kennzeichnend für das Vorgehen der Statistik ist, daß nicht alle Einheiten der Grundgesamtheit im Hinblick auf das interessierende Merkmal untersucht werden (Kostenersparnis, Zeitersparnis) bzw. untersucht werden können (z. B. zerstörende Materialprüfung). Das heißt, der Stichprobenumfang n ist oft sehr viel kleiner als die Grundgesamtheit N ($n \ll N$). Sind die Daten der Stichprobe zu wenigen Stichprobenkenngrößen verdichtet, stellt sich nun die Frage, wie von den Kenngrößen einer Teilmenge (Stichprobe) auf die Kenngrößen der Gesamtmenge (Grundgesamtheit) geschlossen werden kann. Dies ist die Aufgabe der **schließenden** Statistik.

3.1 Tabellarische und graphische Darstellung von Stichproben

Um die vielfältigen Informationen aus einer Menge von Daten auswerten zu können, ist es zunächst erforderlich, die Daten anzuordnen und zu verdichten, um die wichtigsten Charakteristika der Merkmalsausprägungen erkennen zu können.

3.1.1 Nominal- und rang-skalierte Merkmale

nominal-skalierte Merkmale

Nominal-skalierte Merkmale liegen vor, wenn nach den Eigenschaften von Personen, Haushalten, Fertigungsteilen, usw. gefragt wird. Anwendungsgebiete sind beispielsweise Multimomentaufnahmen und Gut-Schlecht-Prüfungen in der Qualitätskontrolle.

Beispiel: In einem Unternehmen wird eine Erhebung im Hinblick auf das Merkmal „Schulbildung" durchgeführt. Folgende Ergebnisse werden festgestellt:

nominal-skalierte Merkmale   **Beschreibende Statistik**   **3.1.1**

Lfd. Nr.	Schulbildung	absolute Häufigkeit	relative Häufigkeit
j	x_j	n_j	$h_j = \dfrac{n_j}{n}$
1	ohne Hauptschul-abschluß	20	0,1
2	mit Hauptschul-abschluß	70	0,35
3	mittlere Reife	80	0,4
4	Hoch- und Fachhochschulreife	20	0,1
5	ohne Angaben	10	0,05
		$n = 200$	$\sum_{j=1}^{k} h_j = 1{,}0$

Tabellarische Darstellung des nominalskalierten Merkmals „Schulbildung"   Bild 3

Dabei bedeuten:
j : lfd. Nr. der Merkmalsausprägung
x_j : Merkmalsausprägung, z.B. mittlere Reife
n_j : absolute Häufigkeit der Merkmalsausprägung j
h_j : relative Häufigkeit der Merkmalsausprägung j
n : Stichprobenumfang
k : Anzahl der Merkmalsausprägungen

- Die Summe der absoluten Häufigkeiten ist gleich dem Stichprobenumfang n:

$$\sum_{j=1}^{k} n_j = n$$

- Die Summe der relativen Häufigkeiten ist gleich 1:

$$\sum_{j=1}^{k} h_j = \sum_{j=1}^{k} \frac{n_j}{n} = 1$$

Beispiel: 70 von insgesamt 200 Beschäftigten, d.h. 35% der Belegschaft haben einen Hauptschulabschluß; 20 von den 200 Beschäftigten, d.h. 10% haben die Hochschul- bzw. Fachhochschulreife erworben.

Ein nominal-skaliertes Merkmal wird in einem **Kreisdiagramm** graphisch dargestellt (Bild 4).

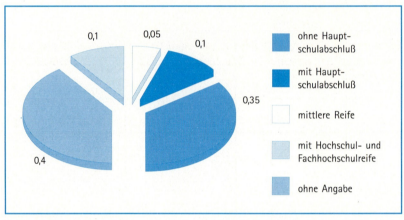

Bild 4   Kreisdiagramm

Zur graphischen Veranschaulichung **rang-skalierter** Merkmale, wie beispielsweise Bewertungen (siehe Abschn. 2.2), kann diese Darstellungsform ebenfalls herangezogen werden.

3.1.2 Metrisch-skalierte Merkmale

metrisch-skalierte Merkmale

Metrisch-skalierte Merkmale sind dadurch gekennzeichnet, daß ihre Werte nicht nur durch eine Reihenfolge zu beschreiben sind, sondern – im Unterschied zu den rang-skalierten Merkmalen – die Abstände zwischen den Merkmalsausprägungen auch interpretierbar sind. Ein **diskretes** Merkmal liegt dann vor, wenn nur ganz bestimmte Zahlenwerte möglich sind, z.B. die nichtnegativen ganzen Zahlen 0, 1, 2, ... Bei **stetigen** Merkmalen ist jede beliebige Merkmalsausprägung in einem bestimmten Bereich möglich.

| metrisch-skalierte Merkmale | Beschreibende Statistik | 3.1.2 |

Beispiel: An einem Postschalter wird die Anzahl der ankommenden Kunden je 5-Minuten-Intervall beobachtet. Für 40 Zeitintervalle erhält man folgende Ergebnisse (Merkmalsausprägungen): Beispiel

```
0 0 1 3 4 1 2 2 1 1
1 2 3 0 2 0 1 3 1 2
2 0 1 1 6 1 0 2 3 1
1 4 2 3 2 0 3 0 1 2
```

Es handelt sich bei diesem Beispiel um ein diskretes Merkmal, da nur ganze Zahlenwerte möglich sind. Die Daten werden in Bild 5 in einer **Tabelle** zusammengefaßt:

Lfd. Nr.	Anzahl der Kunden im Zeitintervall	absolute Häufigkeit	relative Häufigkeit
j	x_j	n_j	$h_j = \dfrac{n_j}{n}$
1	0	8	0,2
2	1	13	0,325
3	2	10	0,25
4	3	6	0,15
5	4	2	0,05
6	5	0	0
7	6	1	0,025
		$n = 40$	$\sum\limits_{j=1}^{k} h_j = 1{,}0$

Tabellarische Darstellung des metrisch-diskreten Merkmals „Anzahl der Kunden im Zeitintervall"   Bild 5

Dabei bedeuten:
j : laufende Nummer der Merkmalsausprägung
x_j : Merkmalsausprägung, z.B. Anzahl der Kunden im Zeitintervall j
n_j : absolute Häufigkeit für die j-te Merkmalsausprägung
h_j : relative Häufigkeit
n : Stichprobenumfang
k : Anzahl der Merkmalsausprägungen

3.1.2 Beschreibende Statistik — metrisch-skalierte Merkmale

Zur **graphischen** Darstellung wird das **Stabdiagramm** verwendet (Bild 6)

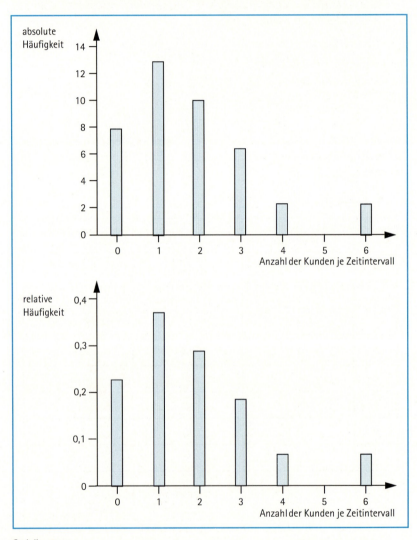

Bild 6 Stabdiagramm

Häufigkeitsverteilung

Die Darstellung der Merkmalsausprägungen x_j mit den entsprechenden Häufigkeiten n_j bzw. h_j in tabellarischer (Bild 5) und graphischer Form (Bild 6) bezeichnet man als **Häufigkeitsverteilung**. Durch fortlaufende Summierung (Kumulierung) der relativen Häufigkeiten können die **relativen Summenhäufigkeiten** F_j berechnet werden:

| metrisch-skalierte Merkmale | Beschreibende Statistik | 3.1.2 |

$$F_j = h_1 + h_2 + \ldots + h_j = \sum_{m=1}^{j} h_m$$

Diese Funktion F_j wird auch als empirische Verteilungsfunktion bezeichnet. Für die Anzahl der Kunden am Postschalter im 5-Minuten-Zeitintervall als Beispiel (vgl. Bild 5) erhält man folgendes Ergebnis (Bild 7):

Lfd. Nr.	Anzahl der Kunden im Zeitintervall	absolute Häufigkeit	relative Häufigkeit	Summen-häufigkeit
j	x_j	n_j	h_j	F_j
1	0	8	0,2	0,2
2	1	13	0,325	0,525
3	2	10	0,25	0,775
4	3	6	0,15	0,925
5	4	2	0,05	0.975
6	5	0	0	0,975
7	6	1	0,025	1,00

Tabellarische Darstellung des metrisch-diskreten Merkmals „Anzahl der Kunden im Zeitintervall" Bild 7

Aus der Tabelle ist beispielsweise zu entnehmen, daß in 10 von insgesamt 40 Zeitintervallen, d.h. in 25% der Beobachtungen 2 Kunden am Postschalter ankamen. Weiterhin ergibt sich, daß in 77,5% der Beobachtungen 2 oder weniger Kunden in den 5-Minuten-Intervallen festgestellt wurden. Dabei ergibt sich die Summenhäufigkeit von 77,5% aus folgender Berechnung:

$F_3 = h_1 + h_2 + h_3 = 0{,}2 + 0{,}325 + 0{,}25$
$ = 0{,}775$

Die Summenhäufigkeitsfunktion F_j läßt sich in Form einer **Treppe** graphisch darstellen (Bild 8).

Summenhäufigkeit

3.1.2 Beschreibende Statistik — metrisch-skalierte Merkmale

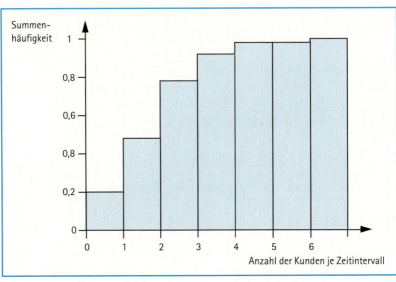

Bild 8   Summenhäufigkeitsfunktion

Bei **stetigen** Merkmalen ist im Gegensatz zu den diskreten Merkmalen grundsätzlich jede beliebige Merkmalsausprägung in bestimmten, abgegrenzten Wertebereichen möglich. Beschränkungen sind dabei durch die Genauigkeit der zur Verfügung stehenden Meßinstrumente gegeben.

Beispiel: Es werden aus der laufenden Produktion einer Abfüllanlage 15 Konserven zufällig ausgewählt und ihre Masse festgestellt. Folgende Merkmalsausprägungen werden notiert:

497g, 485g, 498g, 504g, 508g, 497g, 516g, 497g, 483g, 502g, 488g, 516g, 498g, 504g, 494g.

metrisch-skalierte Merkmale — **Beschreibende Statistik** — 3.1.2

Bild 9 zeigt die Massen der Konserven sowohl in der Reihenfolge, in der sie erhoben wurden (Spalte x_i) als auch nach ihrer Größe sortiert (Spalte $x_{(i)}$).

Lfd. Nr.	Meßwerte in Gramm	Rangnummer	Rangfolge der Meßwerte in Gramm
i	x_i	(i)	$x_{(i)}$
1	497	1	483
2	485	2	485
3	498	3	488
4	504	4	494
5	508	5	497
6	497	6	497
7	516	7	497
8	497	8	498
9	483	9	498
10	502	10	502
11	488	11	504
12	516	12	504
13	498	13	508
14	504	14	516
15	494	15	516

Tabellarische Darstellung des metrisch-stetigen Merkmals „Masse von Konservendosen in Gramm" Bild 9

Dabei bedeuten:
i : laufende Nr. der Messung
x_i : i-te Merkmalsausprägung mit $i = 1, 2, ..., n$
n : Stichprobenumfang

Diese Stichprobe läßt sich graphisch in einem **Punktdiagramm** darstellen (Bild 10). Die Punkte stellen dabei die einzelnen Messungen der Stichprobe dar.

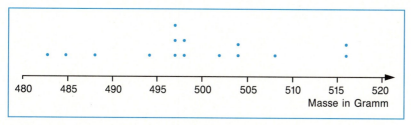

Punktdiagramm für die Einzelwerte der Stichprobe des Merkmals „Masse von Konservendosen in Gramm" Bild 10

3.1.2 Beschreibende Statistik — metrisch-skalierte Merkmale

Die entsprechenden absoluten bzw. relativen Summenhäufigkeiten F_j sind in Form einer **Treppe** darstellbar (Bild 11).

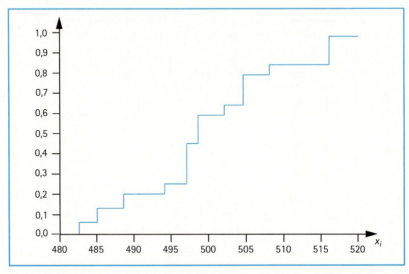

Bild 11 Summenhäufigkeitsfunktion des metrisch-skalierten Merkmals „Masse von Konservendosen in Gramm"

Bei größeren Stichproben ist es sinnvoll, zur Erhöhung der Übersichtlichkeit eine Verdichtung der Einzelwerte durchzuführen und Klassen zu bilden.

Beispiel: Im Rahmen einer Stichprobenerhebung werden aus der laufenden Produktion einer Abfüllanlage 60 Konserven zufällig ausgewählt und ihre jeweilige Masse festgestellt. Das Ergebnis ist im Bild 12 zusammengefaßt.

metrisch-skalierte Merkmale   Beschreibende Statistik   3.1.2

Lfd. Nr.	Masse in g	Lfd. Nr.	Masse in g	Lfd. Nr	Masse in g
i	x_i	i	x_i	i	x_i
1	497	21	492	41	507
2	479	22	460	42	499
3	490	23	494	43	513
4	517	24	492	44	503
5	474	25	512	45	501
6	498	26	498	46	484
7	496	27	492	47	484
8	488	28	501	48	486
9	501	29	509	49	499
10	511	30	500	50	498
11	506	31	483	51	506
12	491	32	517	52	473
13	527	33	487	53	489
14	500	34	496	54	509
15	502	35	482	55	469
16	492	36	492	56	488
17	503	37	489	57	501
18	498	38	495	58	483
19	509	39	510	59	499
20	523	40	507	60	519

Stichprobe des metrisch-skalierten Merkmals „Masse von Konservendosen in Gramm"   Bild 12
Dabei bedeuten:
i : laufende Nummer der Messung
x_i : i-te Merkmalsausprägung (Masse der i-ten Konserve in g) mit i = 1, 2, ..., n

Um die typischen Eigenschaften dieser Häufigkeitsverteilung, z.B. Symmetrie zu erkennen, ist es zweckmäßig, die Meßwerte für eine graphische Darstellung in **Klassen** zusammenzufassen. Durch die Klassenbildung werden die Daten verdichtet. Gleichzeitig gehen jedoch Einzelinformationen verloren.

Klassenbildung

Bei der Klassenbildung der Daten sind einige wichtige Regeln zu beachten:
- Die Anzahl der Klassen sollte wegen des Informationsverlustes nicht kleiner als 5 und wegen der Übersichtlichkeit nicht größer als 20 gewählt werden.
- Die Klassenbreiten sollen möglichst gleich sein, um eine direkte Vergleichbarkeit der Häufigkeiten zu ermöglichen.
- Die Meßwerte innerhalb der Klassen sollen möglichst gleichmäßig um die Klassenmitte verteilt sein, da diese als repräsentativ für die Klasse angesehen wird. Dieses Kriterium sollte vor allem für die Klassen mit den größten Häufigkeiten möglichst erfüllt sein.

3.1.2 Beschreibende Statistik — metrisch-skalierte Merkmale

Unter Beachtung dieser Kriterien sind folgende Schritte zweckmäßig:

1) Der kleinste Meßwert der Urliste $x_{(1)}$ wird aufgesucht. Als Klassenuntergrenze der 1. Klasse x'_0 (= Klassenobergrenze der 0. Klasse) wird der nächstniedrige „glatte" Wert gewählt. Im Beispiel ergibt sich:

$x_{(1)} = 460\,g \longrightarrow x'_0 = 460$

2) Der größte Meßwert der Urliste $x_{(n)}$ wird aufgesucht. Als Klassenobergrenze der letzten Klasse x'_k wird der nächstgrößere „glatte" Wert gewählt.

$x_{(n)} = 527\,g \longrightarrow x'_k = 530\,g$

3) Die Anzahl der Klassen k wird festgelegt. Dabei ist es in der Praxis sinnvoll,

$k = 5 \ldots 20$ Klassen

bzw.

$k = \sqrt[3]{n} \ldots \sqrt[2]{n}$ Klassen zu bilden.

Als Klassenzahl wird im Beispiel $k = 7$ gewählt; damit ist auch eine „runde" Klassenbreite, nämlich 10, gegeben.

4) Zur Bestimmung der Klassenbreite w wird folgender Quotient gebildet:

$$w = \frac{x'_k - x'_0}{k}$$

$$w = \frac{530 - 460}{7} = \frac{70}{7} = 10$$

5) Die Klasseneinteilung wird, beginnend mit der Klassenuntergrenze der 1. Klasse, vorgenommen.

Im Beispiel lautet die Klasseneinteilung:

460 bis unter 470
470 bis unter 480
480 bis unter 490
490 bis unter 500
500 bis unter 510
510 bis unter 520
520 bis unter 530

6) Die Meßwerte (Bild 12) werden in den jeweiligen Klassen eingeordnet. So fallen im Beispiel in die Klasse 480 bis unter 490 Gramm 11 Meßwerte (vgl. Bild. 13).

metrisch-skalierte Merkmale **Beschreibende Statistik** 3.1.2

Lfd. Nr.	Masse von Konserven-dosen in Gramm	Klassenmitte in Gramm	absolute Häufigkeit	relative Häufigkeit in %
j	x'_{j-1} bis unter x'_j	x^*_j	n_j	h_j
1	460 bis unter 470	465	2	3,33
2	470 bis unter 480	475	3	5
3	480 bis unter 490	485	11	18,33
4	490 bis unter 500	495	19	31,67
5	500 bis unter 510	505	16	26,67
6	510 bis unter 520	515	7	11,67
7	520 bis unter 530	525	2	3,33
			60	100

Klassierte Häufigkeitsverteilung des Merkmals „Masse von Konservendosen in Gramm" Bild 13

Dabei bedeuten:
j : lfd. Nr. der Klasse
x'_j : Klassenobergrenze der j-ten Klasse
x^*_j : Klassenmitte
n_j : Absolute Häufigkeit
h_j : Relative Häufigkeit
k : Anzahl der Klassen

Liegt das Datenmaterial in Klassen vor, so kann man die Häufigkeiten (absolute oder relative) der Klassen in Form von Rechtecken darstellen. Diese Darstellung wird als **Histogramm** bezeichnet. Auf der Abszisse wird die Klasseneinteilung markiert, auf der Ordinate wird eine Einteilung für die Häufigkeiten gewählt. Dann wird über jeder Klasse j ein Rechteck mit der Höhe der entsprechenden Häufigkeit (n_j oder h_j) und der Klassenbreite w als Basis gezeichnet. Bild 14 zeigt das Histogramm für die Häufigkeitsverteilung in Bild 13. Als Häufigkeit wird beispielsweise die relative Häufigkeit

Histogramm

$$h_j = \frac{n_j}{n}$$

gewählt.

3.1.2 Beschreibende Statistik — metrisch-skalierte Merkmale

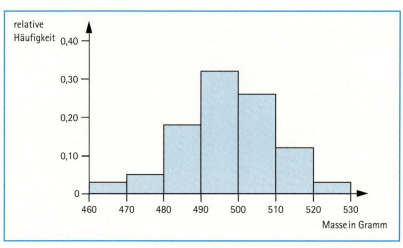

Bild 14 — Histogramm

Die Klassenbreite beträgt in allen Klassen einheitlich 10 g. In einigen Anwendungsbereichen ist es jedoch aus inhaltlichen Gründen nicht sinnvoll, gleiche Klassenbreiten zu wählen, z. B. bei sogenannte Randklassen, deren Häufigkeiten oft sehr gering sind. Dann ist es allerdings notwendig, auf der Ordinate nicht die relative Häufigkeit, sondern die **normierte relative Häufigkeit**

$$h_j^* = \frac{n_j}{n} \cdot \frac{w^*}{w_j}$$

zu verwenden.

Dabei bedeuten:
w^*: Klassenbreite, die am häufigsten gewählt wurde
w_j: Klassenbreite der Klasse j

metrisch-skalierte Merkmale **Beschreibende Statistik** 3.1.2

Beispiel: Bei einem Gebrauchtwagenhändler stehen 70 PKWs zum Verkauf. Folgende Preisstruktur ist festzustellen:

Klasse Nr.	Preis in 1000 DM	Klassenbreite	absolute Häufigkeit	relative Häufigkeit	normierte relative Häufigkeit
j	x'_{j-1} bis unter x'_j	w_j	n_j	h_j	h_j^*
1	1 bis unter 2	1	8	0,114	0,114
2	2 bis unter 3	1	10	0,143	0,143
3	3 bis unter 4	1	16	0,229	0,229
4	4 bis unter 5	1	15	0,214	0,214
5	5 bis unter 7	2	10	0,143	0,0715
6	7 bis unter 9	2	8	0,114	0,057
7	9 bis unter 15	6	3	0,043	0,0072

Berechnung der normierten relativen Häufigkeiten des Merkmals „Preis von Gebrauchtwagen in 1000 DM"   Bild 15

Dabei bedeuten:
j : lfd.Nr. der Klassen
x'_j : Klassenobergrenze der j-ten Klasse
w_j : Klassenbreite
n_j : Absolute Häufigkeit
h_j : Relative Häufigkeit
h_j^* : Normierte relative Häufigkeit

In diesem Beispiel wird als häufigste Klassenbreite $w^* = 1$ gewählt. Für die 1. Klasse ergibt sich beispielsweise:

$h_1^* = h_1$ wegen $w^* = w_1$

Für die 5. Klasse gilt demgegenüber:

$h_5^* = \dfrac{10}{70} \dfrac{1}{2} = 0{,}0715$

Für die 7. Klasse läßt sich entsprechend berechnen:

$h_7^* = \dfrac{3}{70} \dfrac{1}{6} = 0{,}0072$

In der **graphischen** Darstellung mit Hilfe des Histogramms sind auf der Ordinate die normierten relativen Häufigkeiten abgetragen (vgl. Bild 16).

3.1.2 Beschreibende Statistik — metrisch-skalierte Merkmale

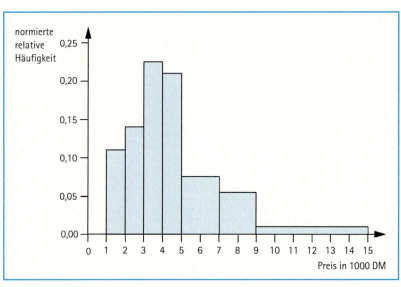

Bild 16   Histogramm mit unterschiedlicher Klassenbreite für das Merkmal „Preis für Gebrauchtwagen in 1000 DM"

Summen-
häufigkeiten

Durch Summierung der relativen Häufigkeiten ergibt sich die **Summenhäufigkeitsfunktion** F_j. Die Summenhäufigkeiten werden wie folgt berechnet:

$$F_j = \sum_{m=1}^{j} h_m$$

Für das Beispiel aus Bild 13 ergibt sich beispielsweise:

$$F_3 = \sum_{m=1}^{3} h_m = h_1 + h_2 + h_3 = 0{,}0333 + 0{,}05 + 0{,}1833$$

$$= 0{,}2666$$

d.h. 26,66% der untersuchten Konserven wiegen weniger als 490 g.

| metrisch-skalierte Merkmale | | Beschreibende Statistik | | 3.1.2 |

Lfd. Nr.	Masse von Konserven-dosen in Gramm	absolute Häufigkeit	relative Häufigkeit in %	relative Summenhäufig-keit in %
j	x'_{j-1} bis unter x'_j	n_j	h_j	F_j
1	460 bis unter 470	2	3,33	3,33
2	470 bis unter 480	3	5,00	8,33
3	480 bis unter 490	11	18,33	26,66
4	490 bis unter 500	19	31,67	58,33
5	500 bis unter 510	16	26,67	85,00
6	510 bis unter 520	7	11,67	96,67
7	520 bis unter 530	2	3,33	100,00
		60	100,00	

Absolute und relative Häufigkeiten sowie Summenhäufigkeiten des Merkmals „Massen von Konservendosen in Gramm" — Bild 17

Dabei bedeuten:
j : lfd. Nr. der Klasse
x_j : Klassenobergrenze der j-ten Klasse
n_j : Absolute Häufigkeit
h_j : Relative Häufigkeit
F_j : Relative Summenhäufigkeit

Bei der graphischen Darstellung wird auf der Abszisse die Klasseneinteilung abgetragen und auf der Ordinate eine zweckmäßige Einteilung für die Summenhäufigkeiten gewählt. Die kumulierten relativen Häufigkeiten werden dann über den jeweiligen Klassenobergrenzen abgetragen und durch Punkte gekennzeichnet – beginnend mit $F_0 = 0$ bei x'_0. Die Punkte werden schließlich durch Geraden miteinander verbunden; es entsteht die Summenhäufigkeitsfunktion.

Summenhäufig-keitsfunktion

3.1.2 Beschreibende Statistik — metrisch-skalierte Merkmale

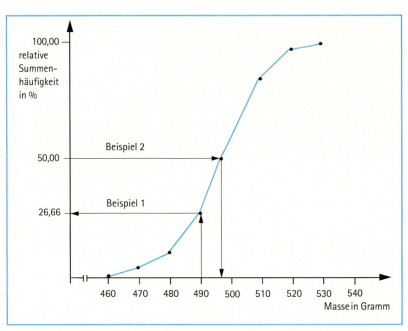

Bild 18   Häufigkeitsfunktion für klassierte Meßwerte

Aus der Summenhäufigkeitsfunktion ist beispielsweise die Frage zu beantworten (siehe Beispiel 1): Wieviel Prozent der Konserven überschreiten die Masse von 490 g nicht? Die Antwort lautet: 26,66 %. Es kann auch der Wert abgelesen werden, der von 50 % der statistischen Einheiten nicht überschritten wird. Das ergibt 497 g. (siehe Beispiel 2).

Dabei wird das Verfahren der **Interpolation** verwendet. Im Beispiel in Bild 19 wird eine **lineare** Interpolation zwischen den jeweiligen Klassengrenzen durchgeführt. Dies ist dann gerechtfertigt, wenn die Einzelwerte in den jeweiligen Klassen gleichmäßig verteilt sind.

metrisch-skalierte Merkmale   **Beschreibende Statistik**   3.1.2

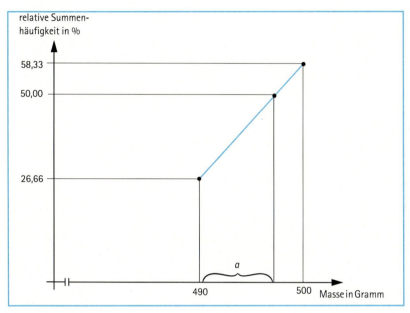

Lineare Interpolation   Bild 19

Der Wert a soll durch Interpolation zwischen 490 und 500 errechnet werden. Dazu setzt man:

$$\frac{a}{10} = \frac{50 - 26{,}66}{58{,}33 - 26{,}66} = \frac{23{,}34}{31{,}67} = 0{,}737$$

$a = 0{,}737 \cdot 10 = 7{,}37$

Das bedeutet: Der interpolierte Wert beträgt 497,37 g.

Sind die einzelnen Meßwerte innerhalb der Klasse nicht gleichmäßig verteilt, so ist eine nichtlineare Interpolation zu verwenden. So ist beispielsweise bei einer Häufung der Einzelwerte in der rechten Hälfte einer Klasse folgende nichtlineare Funktion zweckmäßig (Bild 20).

3.1.2 Beschreibende Statistik — metrisch-skalierte Merkmale

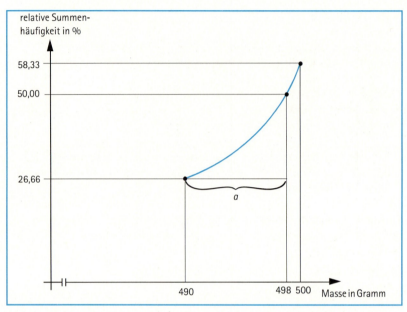

Bild 20 Nichtlineare Interpolation

Am einfachsten ist der gesuchte Wert a durch Ablesen aus Bild 20 zu bestimmen ($a = 8{,}5$). Eine rechnerische Lösung setzt voraus, daß zunächst die Funktionsform, z. B. quadratisch, zwischen 490 und 500 bestimmt wird. Dann kann errechnet werden, wie groß der Wert x für einen bestimmten Wert von F_j, z. B. 50 %, ist. Da die Bestimmung der mathematischen Funktion oftmals nicht ganz einfach ist, empfiehlt sich in der Praxis eine graphische Lösung durch Ablesen. Die Genauigkeit wird dadurch kaum beeinträchtigt.

3.2 Lagemaße

Ist das Datenmaterial tabellarisch und/oder zeichnerisch dargestellt, so ist es im Hinblick auf den Schluß von der Stichprobe auf die unbekannte Grundgesamtheit notwendig, Stichprobenkenngrößen zu berechnen, die das Datenmaterial unter einer speziellen Fragestellung auf einen Zahlenwert verdichten. Die Fragestellung der **Lagemaße** lautet: Wo liegen die Meßwerte im Mittel? Wo liegt das Zentrum einer Häufigkeitsverteilung?

> **Lagemaße geben an, wo der mittlere Wert des Datenmaterials liegt, d.h. sie kennzeichnen die durchschnittliche Lage der Merkmalswerte einer Häufigkeitsverteilung.**

Lagemaße

Es werden folgende Lagemaße behandelt:
- Arithmetisches Mittel $\bar{x}$
- Zentralwert (Median) $\tilde{x}$
- Häufigster oder dichtester Wert (Modalwert) D

> **Der arithmetische Mittelwert der Stichprobe $\bar{x}$ gibt eine Information über die mittlere Lage der Meßwerte – gemessen an der Größe der Meßwerte.**

Arithmetischer Mittelwert

Bei Vorliegen von Einzelwerten eines stetigen Merkmals ist folgende Formel anzuwenden:

$$\bar{x} = \frac{1}{n} \sum_{i=1}^{n} x_i = \frac{1}{n} (x_1 + x_2 + \ldots + x_n)$$

mit x_i : i-te Merkmalsausprägung
    n : Stichprobenumfang

Sind die Einzelwerte einer Häufigkeitsverteilung nicht bekannt, sondern lediglich die Klassenmitten und die Häufigkeiten der jeweiligen Klassen, so gilt folgende Beziehung:

$$\bar{x} = \frac{1}{n} \sum_{j=1}^{k} x_j^* \, n_j = \frac{1}{n} (x_1^* \, n_1 + x_2^* \, n_2 + \ldots + x_k^* \, n_k)$$

3.2 Beschreibende Statistik — Lagemaße

mit x_j^* : Klassenmitte der j-ten Klasse
n_j : absolute Häufigkeit der j-ten Klasse
k : Anzahl der Klassen

Liegen diskrete Merkmale vor, so ergibt sich:

$$\bar{x} = \frac{1}{n} \sum_{j=1}^{k} x_j n_j$$

mit x_j : j-te Merkmalsausprägung
n_j : absolute Häufigkeit der j-ten Merkmalsausprägung
k : Anzahl der Ausprägungen des diskreten Merkmals
n : Stichprobenumfang

Beispiele: Aus der laufenden Produktion einer Abfüllanlage werden 15 Konserven zufällig ausgewählt und ihre Masse festgestellt. Die Untersuchung ergab (siehe Bild 9):

497 g, 485 g, 498 g, 504 g, 508 g, 497 g, 516 g, 497 g, 483 g, 502 g, 488 g, 516 g, 498 g, 504 g, 494 g.

Das arithmetische Mittel (durchschnittliche Masse) errechnet sich für die Stichprobe wie folgt:

$$\bar{x} = \frac{1}{n} \sum_{i=1}^{n} x_i = \frac{1}{n}(x_1 + x_2 + \ldots + x_{15})$$

$$= \frac{1}{15}(497 + 485 + 498 + \ldots + 494)$$

$$= 499{,}1$$

d.h. die durchschnittliche Masse der Konserven in der Stichprobe beträgt 499,1 g.

Liegen die Informationen lediglich in **klassierter** Form vor, d.h. die Einzelwerte sind nicht bekannt, so gilt:

$$\bar{x} = \frac{1}{n} \sum_{j=1}^{k} x_j^* n_j = \frac{1}{n}(x_1^* n_1 + x_2^* n_2 + \ldots + x_k^* n_k)$$

Lagemaße — **Beschreibende Statistik** — 3.2

Im Beispiel der Häufigkeitsverteilung aus Bild 13 ergibt sich das arithmetische Mittel wie folgt:

$$\bar{x} = \frac{1}{60}(465 \cdot 2 + 475 \cdot 3 + \ldots + 525 \cdot 2)$$

$$= 497{,}2 \text{ g}.$$

Für diskrete Merkmale errechnet sich der arithmetische Mittelwert nach der Formel:

$$\boxed{\bar{x} = \frac{1}{n} \sum_{j=1}^{k} x_j \, n_j}$$

Für das Beispiel in Bild 7 ergibt sich dann:

$$\bar{x} = \frac{1}{40}(0 \cdot 8 + 1 \cdot 13 + 2 \cdot 10 + \ldots + 6 \cdot 1)$$

$$= 1{,}6$$

Das bedeutet: Im Mittel kommen 1,6 Kunden am Postschalter im 5-Minuten-Zeitintervall an.

Das arithmetische Mittel ist nur bei metrisch-skalierten Merkmalen anwendbar. Die Aussagekraft dieser Stichprobenkenngröße ist dann beschränkt, wenn in der Stichprobe sog. Ausreißer vorhanden sind, d.h. solche Werte, die weit vom Zentrum der Verteilung entfernt liegen.

> **Der Zentralwert (Median) $\tilde{x}$ ist die Merkmalsausprägung derjenigen Stichprobeneinheit, die in mittlerer Position in einer aufsteigend geordneten Meßwertreihe steht.**

Zentralwert

3.2 Beschreibende Statistik — Lagemaße

Das bedeutet, 50 % aller Meßwerte liegen unterhalb und 50 % aller Meßwerte liegen oberhalb des Zentralwerts. Aus einer Stichprobe mit n Werten wird der Zentralwert nach folgender Formel errechnet:

$$\tilde{x} = x_{\left(\frac{n+1}{2}\right)}, \text{ falls } n \text{ ungerade ist.}$$

oder

$$\tilde{x} = \frac{x_{\left(\frac{n}{2}\right)} + x_{\left(\frac{n}{2}+1\right)}}{2}, \text{ falls } n \text{ gerade ist.}$$

Der Zentralwert $\tilde{x}$ im Beispiel der Stichprobe (Bild 9) wird wie folgt bestimmt: Da $n = 15$ ungerade ist, gilt

$$\tilde{x} = x_{\left(\frac{n+1}{2}\right)} = x_{\left(\frac{15+1}{2}\right)} = x_{(8)} = 498 \text{ g}$$

d.h. 50 % der Konserven der Stichprobe wiegen weniger und 50 % mehr als 498 g.

Zur Anwendung des Zentralwerts ist es erforderlich, daß die Merkmale entweder ordinal- oder metrisch-skaliert sind.

häufigster Wert

Der häufigste Wert (Modalwert) ist diejenige Merkmalsausprägung in einer Meßwertreihe, die am häufigsten vorkommt.

Für das Beispiel in Bild 9 ergibt sich für den häufigsten Wert:

$D = 497$ g,

da dieser Wert dreimal, d.h. am häufigsten in der Stichprobe vorkommt.

Der häufigste Wert kann sowohl für nominal-skalierte als auch für ordinal- und metrisch-skalierte Merkmale angegeben werden.

Lagemaße — Beschreibende Statistik — 3.2

Vergleicht man die verschiedenen Lagemaße, so läßt sich folgendes feststellen: Das arithmetische Mittel bildet den „Schwerpunkt" der Meßwerte (bei diesem Punkt ist Gleichgewicht gegeben), während der Zentralwert den Wert angibt, der die Meßwert-Reihe in zwei Hälften trennt. Der arithmetische Mittelwert wird nach der Größe der Meßwerte gebildet, der Zentralwert ist von der Anzahl der Meßwerte abhängig: 50% der Meßwerte liegen unterhalb des Zentralwerts, 50% liegen oberhab des Zentralwerts. Der häufigste Wert kennzeichnet das Maximum der Häufigkeitsverteilung. Ist die Verteilung symmetrisch, so gilt:

Vergleich der Lagemaße

$$\bar{x} = \tilde{x} = D$$

Je asymmetrischer die Häufigkeitsverteilung ist, desto größer ist die Differenz zwischen den einzelnen Lagemaßen.

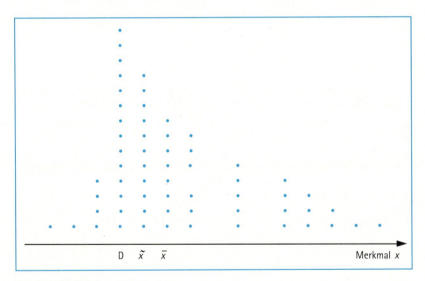

Linkssteile Häufigkeitsverteilung · Bild 21

Bei einer **linkssteilen** Verteilung (Bild 21) gilt für die Lagemaße:

$$D < \tilde{x} < \bar{x}$$

Für eine **rechtssteile** Verteilung gilt entsprechend:

$$\bar{x} < \tilde{x} < D$$

3.3 Streuungsmaße

Die Lagemaße geben nur eine unvollständige Beschreibung einer Häufigkeitsverteilung, da sie nichts über die Größe der Abweichung der einzelnen Merkmalswerte aussagen.

Streuungsmaße

> Streuungsmaße sind Kenngrößen, die die Abweichungen der Meßwerte erfassen.

Es werden folgende Streuungsmaße behandelt:
- einfache Spannweite R
- Standardabweichung s bzw. Varianz s^2.

einfache Spannweite

Die **einfache Spannweite** R wird als Differenz zwischen dem größten Meßwert x_{max} und dem kleinsten Meßwert x_{min} ermittelt:

$$R = x_{max} - x_{min}$$

Spannweite

> Die Spannweite kennzeichnet den Wertebereich der Meßwerte.

Sie ist für ordinal- und metrisch-skalierte Merkmale anwendbar. Die Aussagekraft der Spannweite als Streuungsmaß wird jedoch dadurch eingeschränkt, daß diese Kenngröße allein durch die beiden Extremwerte der Stichprobe bestimmt wird. Die Abstände der **einzelnen** Meßwerte von einem Lagemaß, z.B. dem arithmetischen Mittel, werden nicht berücksichtigt.

Varianz und Standardabweichung

Als Grundlage für die Bildung der Varianz s^2 bzw. der Standardabweichung s dienen deshalb die Einzelabweichungen (Bild 22)

| Streuungsmaße | **Beschreibende Statistik** | **3.3** |

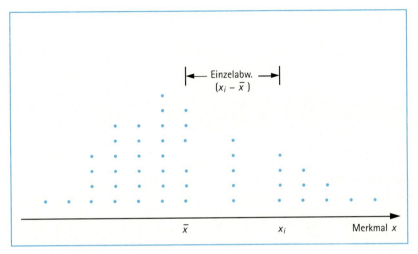

Darstellung der Einzelabweichungen Bild 22

Die Differenzen $(x_i - \bar{x})$ werden quadriert, so daß nur positive Werte summiert werden. Die **Varianz (Streuung)** ergibt sich auf dieser Grundlage nach folgender Formel:

$$s^2 = \frac{1}{n-1} \sum_{i=1}^{n} (x_i - \bar{x})^2$$

Die Division durch $(n-1)$ ergibt sich aus folgender Überlegung: In der Formel für die Varianz s^2 werden die quadrierten Differenzen $(x_i - \bar{x})$ von $i = 1, ..., n$ summiert. Dabei gilt jedoch, daß es nicht n, sondern nur $(n-1)$ unabhängige Differenzen $(x_i - \bar{x})$ gibt. Dies folgt aus der Beziehung, daß die Summe der Differenzen zwischen x_i und $\bar{x}$ gleich Null ist:

$$\sum_{i=1}^{n} (x_i - \bar{x}) = 0$$

Dies bedeutet jedoch, daß eine Abweichung, z.B. $(x_n - \bar{x})$ nicht mehr unabhängig von den anderen Differenzen ist, d.h. nicht mehr frei gewählt werden kann. Deshalb spricht man hier auch von der Anzahl der Freiheitsgrade.

3.3 Beschreibende Statistik — Streuungsmaße

Die Quadratwurzel aus der Varianz wird **Standardabweichung** genannt:

$$s = \sqrt{s^2}$$

Die Standardabweichung wird als durchschnittliche Abweichung der Meßwerte x_i vom arithmetischen Mittel $\bar{x}$ interpretiert.

Bei der Berechnung der Standardabweichung ist darauf zu achten, daß der Rechenaufwand möglichst gering ist. Deshalb werden wegen der einfacheren Rechenoperationen für das praktische Rechnen folgende Formeln verwendet:

$$s^2 = \frac{1}{n-1} \left[\sum_{i=1}^{n} x_i^2 - \frac{1}{n} \left(\sum_{i=1}^{n} x_i \right)^2 \right]$$

$$s = \sqrt{\frac{1}{n-1} \left[\sum_{i=1}^{n} x_i^2 - \frac{1}{n} \left(\sum_{i=1}^{n} x_i \right)^2 \right]}$$

Die Standardabweichung s (Bild 23) kann folgendermaßen interpretiert werden: Im Durchschnitt weicht die Masse der Konserven um 9,75 g vom arithmetischen Mittel ab.

Sind die Meßwerte in Klassen eingeordnet (siehe Bild 13), so gilt für die Berechnung der Varianz:

$$s^2 = \frac{1}{n-1} \sum_{j=1}^{k} (x_j^* - \bar{x})^2 n_j$$

Die Standardabweichung ist entsprechend:

$$s = \sqrt{s^2}$$

Streuungsmaße Beschreibende Statistik 3.3

Lfd. Nr.	Meßwerte in Gramm	Quadrate der Meßwerte
i	x_i	x_i^2
1	497	247 009
2	485	235 225
3	498	248 004
4	504	254 016
5	508	258 064
6	497	247 009
7	516	266 256
8	497	247 009
9	483	233 289
10	502	252 004
11	488	238 144
12	516	266 256
13	498	248 004
14	504	254 016
15	494	244 036
	7 487	3 738 341

$$s^2 = \frac{1}{n-1} \left[\sum_{i=1}^{n} x_i^2 - \frac{1}{n} \left(\sum_{i=1}^{n} x_i \right)^2 \right]$$

$$s = \sqrt{s^2}$$

$$s^2 = \frac{1}{14} \left[3\,738\,341 - \frac{1}{15}\, 7\,487^2 \right] = 94{,}99$$

$$s = \sqrt{94{,}99} = 9{,}75\ g$$

Beispiel für die Berechnung von s^2 bzw. s Bild 23
Dabei bedeuten:

i : lfd. Nr. der Messung ($i = 1, 2, \ldots, n$)
x_i : Meßwert Nr. i des Merkmals
s^2 : Varianz
s : Standardabweichung
n : Stichprobenumfang

3.3 Beschreibende Statistik — Streuungsmaße

Für die vereinfachte Berechnung läßt sich folgende Formel verwenden:

$$s^2 = \frac{1}{n-1}\left[\sum_{j=1}^{k} x_j^{*2} n_j - \frac{1}{n}\left(\sum_{j=1}^{k} x_j^* n_j\right)^2\right]$$

Die Berechnung wird am Beispiel der klassierten Häufigkeitsverteilung des Merkmals „Masse von Konservendosen in Gramm" (Bild 13) gezeigt:

Lfd. Nr.	Klassenmitte in Gramm	absolute Häufigkeit	Produkt aus Klassenmitte und absoluter Häufigkeit	Produkt aus quadratischer Klassenmitte und absoluter Häufigkeit
j	x_j^*	n_j	$x_j^* n_j$	$x_j^{*2} n_j$
1	465	2	930	432 450
2	475	3	1 425	676 875
3	485	11	5 335	2 587 475
4	495	19	9 405	4 655 475
5	505	16	8 080	4 080 400
6	515	7	3 605	1 856 575
7	525	2	1 050	551 250
		60	29 830	14 840 500

$$s^2 = \frac{1}{n-1}\left[\sum_{j=1}^{k} x_j^{*2} n_j - \frac{1}{n}\left(\sum_{j=1}^{k} x_j^* n_j\right)^2\right]$$

$$s = \sqrt{s^2}$$

$$s^2 = \frac{1}{59}\left[14\,840\,500 - \frac{1}{60}(29\,830)^2\right]$$

$$= 169{,}8$$

$$s = 13\,g$$

Bild 24 Beispiel für die Berechnung von s^2 bzw. s bei klassierten Meßwerten

Dabei bedeuten:
- j : lfd. Nr. der Klasse
- x_j^* : Klassenmitte
- n_j : absolute Häufigkeit
- k : Anzahl der Klassen
- s^2 : Varianz
- s : Standardabweichung

| Streuungsmaße | Beschreibende Statistik | 3.3 |

Will man die prozentuale Größe der Streuung berechnen oder die Streuungen zwischen zwei Stichproben vergleichen, so ist eine geeignete Bezugsgröße für die Standardabweichung zu wählen. Der **Variationskoeffizient** verwendet das arithmetische Mittel und ist wie folgt definiert:

Variations-
koeffizient

$$v = \frac{s}{\bar{x}} \cdot 100 \; [\%]$$

Für die Stichprobe im Bild 23 gilt dann:

$$v = \frac{9{,}75}{499{,}1} \cdot 100 = 1{,}95\,\%$$

Das bedeutet: Die durchschnittliche prozentuale Abweichung der Meßwerte vom arithmetischen Mittel beträgt 1,95 %.

Der Variationskoeffizient ist eine Kenngröße der beschreibenden Statistik und gibt an, wie groß die relative Streuung der Stichprobenwerte in bezug zum arithmetischen Mittel ist.

Kapitel 4

Schließende Statistik

4.1	Normalverteilung	61
4.2	Tests auf Normalverteilung	66
4.2.1	Kolmogorov-Smirnow-Test	66
4.2.2	χ^2-Anpassungstest	70
4.3	Test auf Ausreißer	76
4.4	Vertrauensbereiche bei metrisch-skalierten Merkmalen	77
4.4.1	Vertrauensbereich für den arithmetischen Mittelwert	77
4.4.2	Vertrauensbereich für die Standardabweichung	82
4.4.3	Vertrauensbereich für die Differenz zweier Mittelwerte	83
4.5	Parametertests bei metrisch-skalierten Merkmalen	85
4.5.1	Fehlerarten beim Testen	85
4.5.2	Test des arithmetischen Mittelwerts	87
4.5.3	Test der Standardabweichung	88
4.5.4	Zweistichproben-Test für die Differenz zweier arithmetischer Mittelwerte	89
4.6	Vertrauensbereiche bei nominal-skalierten Merkmalen	92
4.6.1	Grundlagen und Verteilungsformen	92
4.6.2	Vertrauensbereich für den Anteilswert der Grundgesamtheit	93
4.6.3	Vertrauensbereich für die Differenz zweier Anteilswerte	95
4.7	Statistische Qualitätskontrolle als Anwendungsgebiet für die Methoden der beschreibenden und schließenden Statistik	97
4.7.1	Grundlagen	97
4.7.2	Kontrollkarten und Prozeßsteuerung	98
4.7.3	Analyse der Prozeßfähigkeit	105

4 Schließende Statistik

Nachdem die Stichprobe tabellarisch, graphisch und rechnerisch beschrieben ist, sollen nun Aussagen über die Grundgesamtheit gemacht werden.

> Mit Hilfe der Methoden der schließenden Statistik ist es möglich, von der bekannten Stichprobe auf die unbekannte Grundgesamtheit zu schließen.

So wird beispielsweise bei der statistischen Qualitätskontrolle vom Mittelwert und von der Standardabweichung der Stichprobe auf den unbekannten Mittelwert bzw. die unbekannte Standardabweichung der Grundgesamtheit geschlossen.

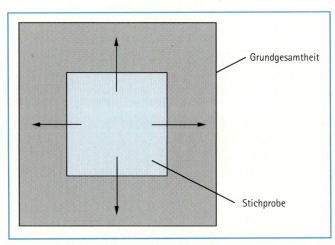

Bild 25   Schluß von der Stichprobe auf die Grundgesamtheit

Um den Schluß von der Stichprobe auf die Grundgesamtheit durchführen zu können, bedarf es jedoch zunächst theoretischer Überlegungen über die Eigenschaften der Grundgesamtheit, d.h. es sind Modellvorstellungen zu entwickeln, die dann anhand der Daten zu überprüfen sind. Eine solche Modellvorstellung ist beispielsweise die „Normalverteilung". Ebenso sollen in der Stichprobe keine „Ausreißer" sein. Diese Voraussetzungen müssen gegeben sein, um die in den folgenden Abschnitten dargestellten Methoden der schließenden Statistik anwenden zu können.

4.1 Normalverteilung

Die Normalverteilung ist eine Modellvorstellung, die zur Beschreibung vieler empirischer Tatbestände verwendet werden kann. Anhand des Histogramms der klassierten Stichprobe kann diese Modellvorstellung verdeutlicht werden. Wie aus dem Histogramm (siehe Bild 14) hervorgeht, sind Meßwerte, die stark vom arithmetischen Mittelwert $\bar{x}$ abweichen, zunehmend seltener (dies gilt sowohl für Abweichungen nach oben als auch nach unten). Werden die Klassenbreiten w_j immer kleiner, so entsteht aus dem Histogramm ein kontinuierlicher Kurvenzug. Dieser Kurvenzug wird auch als „Dichtefunktion" bezeichnet (Bild 26).

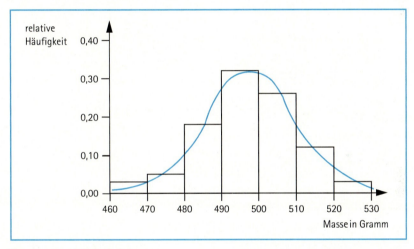

Histogramm und Dichtefunktion   Bild 26

Das Modell eines normalverteilten Merkmals läßt sich durch folgende Eigenschaften charakterisieren (vgl. auch Bild 27).

- Die Meßwerte stammen aus einer unendlich großen Grundgesamheit von Meßwerten.
- Das Maximum der Verteilung liegt im Mittelpunkt.
- Die Meßwerte weichen gleichermaßen vom Mittelwert nach oben und unten ab (Symmetrie).
- Meßwerte in zunehmender Entfernung vom Mittelwert treten zunehmend seltener auf.

4.1 Schließende Statistik — Normalverteilung

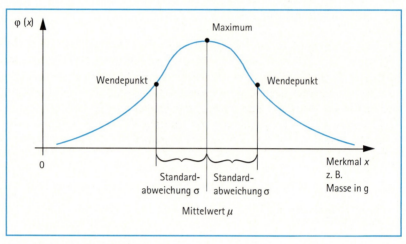

Bild 27 Dichtefunktion der Normalverteilung

Dichtefunktion

Die Dichtefunktion der **Normalverteilung** läßt sich durch folgende Gleichung beschreiben:

$$\varphi(x) = \frac{1}{\sigma\sqrt{2\pi}}\; e^{-\frac{1}{2}\left(\frac{x-\mu}{\sigma}\right)^2}$$

Parameter der Normalverteilung

Die Normalverteilung wird durch die beiden Parameter μ (Mittelwert der Grundgesamtheit) und σ (Standardabweichung der Grundgesamtheit) beschrieben. Im Gegensatz zum arithmetischen Mittelwert $\bar{x}$ einer Stichprobe bezeichnet man mit μ den Mittelwert der Grundgesamtheit. μ ist im allgemeinen unbekannt. Die berechnete Stichprobengröße $\bar{x}$ ist ein Näherungswert für μ. Mit s wird die Standardabweichung der Stichprobe bezeichnet; σ ist die Standardabweichung der Grundgesamtheit und ist in der Regel unbekannt. Die berechnete Stichprobenkenngröße s ist ein Näherungswert für σ. Die Normalverteilung ist eine zum Mittelwert μ symmetrische Verteilungsform.

Setzt man die Gesamtzahl aller beobachteten Meßwerte – dargestellt als Fläche unter der Glockenkurve – gleich 100%, so liegen 50% aller möglicherweise anfallenden Meßwerte unterhalb dieses Mittelwerts μ, die übrigen 50% liegen oberhalb von μ (siehe Bild 28).

Normalverteilung   Schließende Statistik   4.1

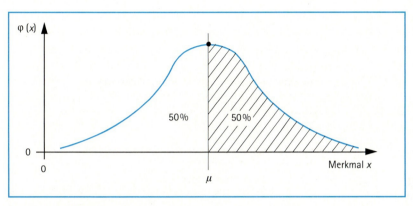

Symmetrie der Normalverteilung   Bild 28

Weitere wichtige und in der Praxis (z.B. in der Qualitätssicherung) gebräuchlichen Flächenanteile sind Bild 29 zu entnehmen.

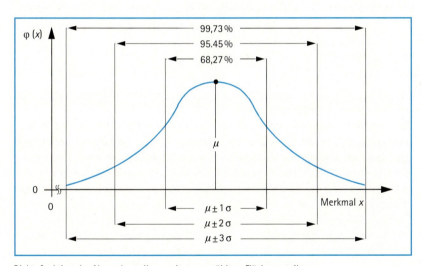

Dichtefunktion der Normalverteilung mit ausgewählten Flächenanteilen   Bild 29

4.1 Schließende Statistik — Normalverteilung

Verteilungsfunktion

Die Verteilungsfunktion der Normalverteilung $\Phi(x)$ ergibt sich durch Integration aus der Dichtefunktion.

Sie hat die Form einer S-Kurve (Bild 30) und gibt an, wie hoch die Wahrscheinlichkeit ist, einen bestimmten Wert x oder kleiner x zu erreichen. Beispielsweise kann unter der Voraussetzung, daß das Merkmal „Masse der Konservendosen" normalverteilt ist, folgende Frage beantwortet werden: Wie hoch ist die Wahrscheinlichkeit $\Phi(x)$, daß die Masse der Konservendosen kleiner oder gleich einem bestimmten Wert x, z.B. 500 g, ist?

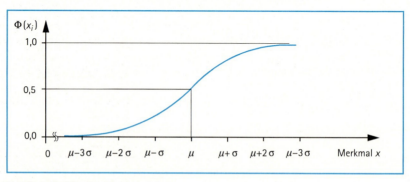

Bild 30 — Verteilungsfunktion der Normalverteilung

standardisierte Normalverteilung

Um die Normalverteilung unabhängig vom speziellen Anwendungsfall, d.h. unabhängig von der Dimension und dem Niveau der x-Werte generell verwenden zu können, wird sie auf $\mu = 0$ und $\sigma^2 = 1$ standardisiert. Auf dieser Grundlage können auch die Tabellenwerte, die für Dichte- und Verteilungsfunktion der Normalverteilung zur Verfügung stehen, unabhängig vom konkreten Problem benutzt werden (siehe Tab. 1 im Anhang). Dazu wird das Merkmal x in ein sogenanntes standardisiertes Merkmal u nach folgender Vorschrift transformiert:

$$u = \frac{x - \mu}{\sigma}$$

Die Dichtefunktion lautet dann:

$$\varphi(x) = \frac{1}{\sqrt{2\pi}}\, e^{-\frac{u^2}{2}}$$

Normalverteilung — Schließende Statistik — 4.1

Da die Normalverteilung symmetrisch ist, gilt für die standardisierte Verteilungsfunktion folgende Beziehung:

$$\Phi(-u) = 1 - \Phi(u)$$

Für die praktische Anwendung kommt der Normalverteilung auch eine besondere Bedeutung über den sog. „zentralen Grenzwertsatz" zu. Dieser besagt folgendes: Wenn die Form der Dichtefunktion für ein Merkmal x nicht bekannt ist, jedoch der Mittelwert μ und die Standardabweichung σ zu bestimmen sind, so besitzt das arithmetische Mittel $\bar{x}$ von n unabhängigen Stichprobenzügen für $n \longrightarrow \infty$ eine Normalverteilung. Als Faustregel für ein genügend großes n wird im allgemeinen $n > 50$ angegeben. Dieser Satz erlangt vor allem bei der Anwendung von Vertrauensbereichen und Tests, beispielsweise bei der statistischen Qualitätskontrolle, eine große Bedeutung.

zentraler Grenzwertsatz

4.2 Tests auf Normalverteilung

4.2.1 Kolmogorov-Smirnov-Test

Hypothesen

Um zu prüfen, ob ein normalverteiltes Merkmal vorliegt, werden folgende Hypothesen formuliert:

Nullhypothese H_0:
Das untersuchte Merkmal (in unserem Beispiel „Masse der Konservendosen") ist normalverteilt.

Alternativhypothese H_1:
Das untersuchte Merkmal ist nicht normalverteilt.

Die Aufgabe besteht nun darin, aufgrund des Stichprobenergebnisses zu entscheiden, welche Hypothese zutrifft. Der Kolmogorov-Smirnov-Test ermöglicht eine solche Entscheidung. Er wird vor allem für „kleine" Stichprobenumfänge ($n < 50$) verwendet. Ergänzend zu diesem Test sollte aber auch immer die Häufigkeitsverteilung gezeichnet werden, um eine erste Beurteilung der Stichprobe zu ermöglichen.

Wenn die Meßwerte der Stichprobe aus einer normalverteilten Grundgesamtheit stammen, läßt sich jedem Meßwert $x_{(i)}$ der geordneten Meßstichprobe ein Wert für die Verteilungsfunktion $\Phi\left[x_{(i)}\right]$ der Normalverteilung zuordnen (Fläche unter der Normalverteilungskurve bis $x_{(i)}$ – siehe Bild 31).

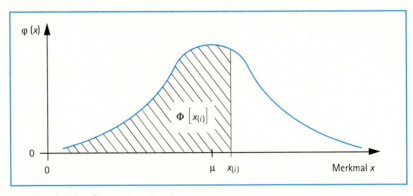

Bild 31 Verteilungsfunktion für $x_{(i)}$

Kolmogorov-Smirnov-Test Schließende Statistik 4.2.1

Das Prinzip des Kolmogorov-Smirnov-Tests besteht nun darin, für jeden Meß- Test-Kriterien
wert $x_{(i)}$ der Stichprobe die Verteilungsfunktion $\Phi\left[x_{(i)}\right]$ der Normalverteilung
mit den tatsächlichen relativen Häufigkeitssummen

$$F_{(i)} = \frac{i}{n} \text{ und } F_{(i-1)} = \frac{i-1}{n}$$

zu vergleichen (siehe Bild 32).

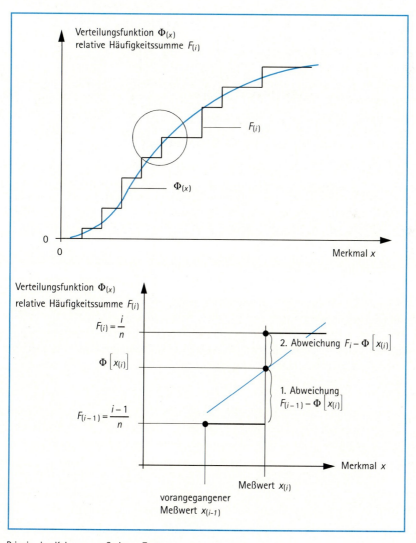

Prinzip des Kolmogorov-Smirnov-Tests Bild 32

4.2.1 Schließende Statistik — Kolmogorov-Smirnov-Test

Wie aus dem Bild 32 deutlich wird, gibt es für jeden Meßwert $x_{(i)}$ zwei Abweichungen:

1. Abweichung $F_{(i-1)} - \Phi[x_{(i)}]$
2. Abweichung $F_{(i)} - \Phi[x_{(i)}]$

Insgesamt gibt es also bei n Meßwerten der Stichprobe $2n$ Abweichungen. Solange die größte absolute Abweichung einen vorgegebenen kritischen Wert nicht überschreitet, wird auf das Vorliegen eines normalverteilten Merkmals geschlossen (d.h. H_0 wird nicht abgelehnt). Die kritischen Werte D für den Kolmogorov-Smirnov-Test sind der Tabelle 4 im Anhang zu entnehmen.

Die Entscheidungsvorschrift für den Kolmogorov-Smirnov-Test lautet also (d = Testgröße):

$$d = \max\left\{\,|F_{(i)} - \Phi[x_i]| \text{ oder } |F_{(i-1)} - \Phi[x_i]|\,\right\}$$

für $1 \leq i \leq n$

Falls $d \leq D$ ist, kann die Annahme der Normalverteilung nicht verworfen werden.

Falls $d > D$ ist, liegt keine Normalverteilung vor.

Wie aus der Tabelle 4 zu entnehmen ist, hängt die Größe der kritischen Werte vom Stichprobenumfang n und der Aussagewahrscheinlichkeit $(1 - \alpha)$ ab. Das bedeutet: Wenn $d \leq D$, kann angenommen werden, daß mit einer Wahrscheinlichkeit von $(1 - \alpha)$ in Prozent (z.B. 95%) die Nullhypothese nicht abgelehnt werden kann; mit α (z.B. 5%) Wahrscheinlichkeit kann dieses Ergebnis auch falsch sein.

Beispiel

Die Anwendung des Kolmogorov-Smirnov-Tests soll anhand der Daten für die Konserven (siehe Bild 9) gezeigt werden. Bei der Analyse der Stichproben wurde bereits ermittelt:

$\bar{x} = 499{,}1\,\text{g} \quad s = 9{,}75\,\text{g}$

Kolmogorov-Smirnov-Test **Schließende Statistik** 4.2.1

Folgende Schritte sind erforderlich (vgl. Bild 33):
1) Ordnung der Meßwerte x_i in einer Rangfolge (Spalte 2)

2) Berechnung der Häufigkeitssumme $F_{(i-1)}$ und $F_{(i)}$ (Spalte 3)

$$F_{(i-1)} = \frac{(i-1)}{15} \text{ und } F_{(i)} = \frac{(i)}{15}, \text{ da } n = 15; \text{ z.B. } F_{(1)} = \frac{1}{15} = 0{,}067$$

3) Berechnung der standardisierten Meßwerte (Spalte 4) nach folgender Vorschrift:

$$u_{(i)} = \frac{x_{(i)} - \bar{x}}{s}$$

$$u_{(i)} = \frac{x_{(i)} - 499{,}1}{9{,}75} ; \text{ z.B. } u_{(i)} = \frac{483 - 499{,}1}{9{,}75} = -1{,}65$$

Aus der Tabelle der Standardnormalverteilung (Tabelle 1 im Anhang) werden die entsprechenden $\Phi[u_{(i)}]$-Werte abgelesen (Spalte 5). Dabei gilt:

$$\Phi[-u_{(i)}] = 1 - \Phi[u_{(i)}]$$

Beispiel: $\Phi[-u_{(i)}] = \Phi(-1{,}65) = 1 - \Phi(1{,}65) = 1 - 0{,}951 = 0{,}049$

4) Bildung der absoluten Differenzen der Werte aus den Spalten (3) und (5), die in die Spalte (6) eingetragen werden.

5) Aus Spalte (6) wird der größte Wert aufgesucht. Dieser lautet:
$d = 0{,}148$

6) Aus Tabelle 4 im Anhang wird zu $1 - \alpha = 95\%$ und $n = 15$ der kritische Wert $D = 0{,}22$ abgelesen.

7) Vergleich zwischen der Testgröße und dem kritischen Wert.

Da $d < D$ ist, wird die Nullhypothese H_0 – es liegt Normalverteilung vor – nicht abgelehnt.

Für weitere Untersuchungen können wir also davon ausgehen, daß das Merkmal normalverteilt ist.

4.2.2 Schließende Statistik — χ^2-Anpassungstest

(1)	(2)	(3)		(4)	(5)	(6)	
Rang-Nr.	Sortierte Meßwerte	kumulierte relative Häufigkeit		standardisierte Meßwerte	Verteilungsfunktion	absolute Abweichungen	
(i)	$x_{(i)}$	$F_{(i-1)}$	$F_{(i)}$	$u_{(i)}$	$\Phi[u_{(i)}]$	$\lvert F_{(i-1)} - \Phi[u_{(i)}] \rvert$	$\lvert F_{(i)} - \Phi[u_{(i)}] \rvert$
1	483	0	0,067	-1,65	0,049	0,049	0,018
2	485	0,067	0,133	-1,45	0,074	0,007	0,059
3	488	0,133	0,200	-1,14	0,127	0,006	0,073
4	494	0,200	0,267	-0,53	0,298	0,098	0,031
5	497	0,267	0,033	-0,22	0,413	0,146	0,080
6	497	0,033	0,400	-0,22	0,413	0,080	0,013
7	497	0,400	0,467	-0,22	0,413	0,013	0,054
8	498	0,467	0,533	-0,12	0,452	0,015	0,081
9	498	0,533	0,600	-0,12	0,452	0,081	d = 0,148
10	502	0,600	0,667	0,29	0,614	0,014	0,053
11	504	0,667	0,733	0,50	0,692	0,025	0,041
12	504	0,733	0,800	0,50	0,692	0,041	0,108
13	508	0,800	0,867	0,91	0,818	0,018	0,049
14	516	0,867	0,933	1,73	0,958	0,091	0,025
15	516	0,933	1,000	1,73	0,958	0,025	0,042

Bild 33   Beispiel für den Kolmogorov-Smirnov-Test

4.2.2 χ^2-Anpassungstest

Anpassungstest für klassierte Stichproben

Der χ^2-Anpassungstest dient zur Überprüfung der Normalverteilung bei einer klassierten Stichprobe (n > 50). Während beim Kolmogorov-Smirnov-Test nur die größte Abweichung zwischen den kumulierten relativen Häufigkeiten der Stichprobe und der Verteilungsfunktion der Normalverteilung als Testgröße verwendet wird, werden beim χ^2-Anpassungstest die Abweichungen zwischen den beobachteten Häufigkeiten und den aus der Normalverteilung errechneten Häufigkeiten (theoretische Häufigkeiten) berücksichtigt. Zur Verdeutlichung des χ^2-Anpassungstests wird auf das Histogramm der Stichprobe im Bild 14 zurückgegriffen.

χ²-Anpassungstest — **Schließende Statistik** — **4.2.2**

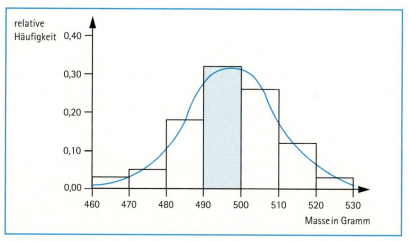

Prinzip des χ²-Anpassungstests — Bild 34

In jeder Klasse j wird eine relative Häufigkeit

$$h_j = \frac{n_j}{n}$$

Test-Kriterien

der Stichprobe beobachtet. Beispiel: In der Klasse von 490 g bis unter 500 g wurde eine relative Häufigkeit von 0,3167 % errechnet. In das Histogramm läßt sich die Dichtefunktion der Normalverteilung als Annäherung einzeichnen. Zunächst sind für jede Klasse j die theoretischen relativen Häufigkeiten

$$\tilde{h}_j = \frac{\tilde{n}_j}{n}$$

als Fläche unter der Kurve zwischen zwei Klassenobergrenzen x_j^0 und x_{j-1}^0 aus der Tabelle der Normalverteilung (Tabelle 1 im Anhang) zu ermitteln:

$$\frac{\tilde{n}_j}{n} = \Phi\left[x_j^0\right] - \Phi\left[x_{j-1}^0\right]$$

4.2.2 Schließende Statistik — χ^2-Anpassungstest

Die theoretischen absoluten Häufigkeiten ergeben sich dann zu

$$\tilde{n}_j = n\left(\Phi\left[x_j^0\right] - \Phi\left[x_{j-1}^0\right]\right)$$

mit

- $\tilde{n}_j$: theoretische absolute Häufigkeit
- $\Phi\left[x_j^0\right]$: Verteilungsfunktion der Normalverteilung an der Klassenobergrenze der Klasse j
- $\Phi\left[x_{j-1}^0\right]$: Verteilungsfunktion der Normalverteilung an der Klassenobergrenze der Klasse $j-1$
- n : Stichprobenumfang

Führt man die Standardisierung durch, so kann $\Phi(u)$ aus der Tabelle der standardisierten Normalverteilung abgelesen werden:

$$u_j^0 = \frac{x_j^0 - \bar{x}}{s}$$

Da $\Phi\left[x_j^0\right] = \Phi\left[u_j^0\right]$ ist, ergeben sich die theoretischen absoluten Häufigkeiten zu:

$$\tilde{n} = n\left(\Phi\left[u_j^0\right] - \Phi\left[u_{j-1}^0\right]\right)$$

Folgende Hypothesen werden formuliert:

H_0 : Das Merkmal ist normalverteilt
H_1 : Das Merkmal ist nicht normalverteilt

Testgröße Als Testgröße wird berechnet:

$$\chi^2_{BEOB} = \sum_{j=1}^{k} \frac{(n_j - \tilde{n}_j)^2}{\tilde{n}_j}$$

Diese Testgröße wird mit dem entsprechenden kritischen Wert χ^2 verglichen (vgl. Tabelle 3 im Anhang). Falls $\chi^2_{Beob} > \chi^2$ ist, wird die Nullhypothese verworfen.

χ²-Anpassungstest — Schließende Statistik — 4.2.2

Der kritische Wert ist abhängig von der Aussagewahrscheinlichkeit $(1 - \alpha)$ und von der Anzahl der Freiheitsgrade FG. Diese ergibt sich durch die Zahl unabhängiger Meßwerte (im Beispiel: Klassen) abzüglich der Anzahl der geschätzten Parameter der Grundgesamtheit (im Beispiel: μ und σ). Im vorliegenden Beispiel ist $FG = (k - 1) - 2 = k - 3$. Der entsprechende kritische Wert kann aus der χ^2-Tabelle abgelesen werden.

(1)	(2)	(3)	(4)	(5)	(6)	(7)	(8)
Lfd.-Nr.	Masse in Gramm	absolute Häufigkeit	Standard. Klassenobergrenze	Wahrscheinlichkeitssumme	theoretische Häufigkeiten		
j	von x'_{j-1} bis u. x'_j	n_j	u'_j	$\Phi(u'_j)$	$\tilde{n}_j = n \cdot [\Phi(u'_j) - \Phi(u'_{j-1})]$	$(n_j - \tilde{n}_j)^2$	$\dfrac{(n_j - \tilde{n}_j)^2}{\tilde{n}_j}$
1	$-\infty$ bis u. 470	2 ⎫ 5	$-2{,}09$	0,0183	1,1 ⎫ 5,6	0,36	0,064
2	470 bis u. 480	3 ⎭	$-1{,}32$	0,0934	4,5 ⎭		
3	480 bis u. 490	11	$-0{,}55$	0,2912	11,9	0,81	0,068
4	490 bis u. 500	19	0,22	0,5871	17,7	1,69	0,096
5	500 bis u. 510	16	0,98	0,8365	15	1,00	0,067
6	510 bis u. 520	7 ⎫ 9	1,75	0,9599	7,4 ⎫ 9,8	0,64	0,065
7	520 bis u. $+\infty$	2 ⎭	–	1,000	2,4 ⎭		
		60			60		0,36

χ²-Anpassungstest — Bild 35

Um den χ^2-Anpassungstest durchführen zu können, muß

$$\tilde{n}_j \geq 5 \text{ (für alle } j = 1 \text{ bis } k\text{)}$$

sein. Liegt diese Voraussetzung nicht vor, so müssen diese Klassen zusammengefaßt werden.

4.2.2 Schließende Statistik — χ^2-Anpassungstest

Schritte beim χ^2-Anpassungstest

Für die Durchführung des Tests sind folgende Schritte erforderlich (siehe Bild 35):

1) Die Meßwerte der Stichprobe werden in k Klassen zwischen $-\infty$ und $+\infty$ eingeordnet (siehe Spalten (1), (2) und (3) im Bild 35). Es werden die Daten aus Bild 13 verwendet.

2) Ermittlung von $\bar{x}$ und s sowie Standardisierung (Spalte (4)):

$$u'_j = \frac{x'_j - \bar{x}}{s} \quad \text{mit } \bar{x} = 497{,}2\,g \text{ und } s = 13\,g$$

z.B. $u'_3 = \dfrac{x'_3 - \bar{x}}{s} = \dfrac{490 - 497{,}2}{13} = -0{,}55$

$u'_4 = \dfrac{500 - 497{,}2}{13} = 0{,}22$

3) Zu jedem u'_j aus der Tabelle für die Normalverteilung (Tabelle 1 im Anhang) wird der entsprechende Wert der Verteilungsfunktion $\Phi[u'_j]$ abgelesen (Spalte (5)).

z.B.: $u'_4 = 0{,}22$ und $\Phi[u'_4] = 0{,}5871$

4) Berechnung der Differenzen

$$\Phi[u'_j] - \Phi[u'_{j-1}]$$

und Multiplikation mit n. Als Ergebnis erhält man die theoretischen absoluten Häufigkeiten $\tilde{n}_j$ *(Spalte (6))*.

Es gilt:

$\Phi[u'_0] = \Phi[-\infty] = 0$

$\Phi[u'_k] = \Phi[+\infty] = 1$

5) Prüfung der Anwendungsvoraussetzung für den χ^2-Anpassungstest

$\tilde{n}_j \geq 5$

Für das vorliegende Beispiel sind die Klassen 1 und 2 sowie die Klassen 6 und 7 zusammenzufassen, um diese Voraussetzung zu erfüllen. Dadurch reduziert sich die Klassenzahl von $k = 7$ auf $k = 5$.

χ^2-Anpassungstest — Schließende Statistik — 4.2.2

6) Berechnung des Quotienten

$$\frac{(n_j - \tilde{n}_j)^2}{\tilde{n}_j}$$

in Spalte (8). Diese Summe aus Spalte (8) ist die Prüfgröße χ^2_{BEOB}.

Im Beispiel ist

$\chi^2_{BEOB} = 0{,}36$

7) Aus der Tabelle der χ^2-Verteilung (Tabelle 3 im Anhang) wird der kritische Wert für $1 - \alpha = 95\%$ und FG = $k - 3 = 5 - 3 = 2$ abgelesen (k = Anzahl der Klassen nach der Zusammenfassung von Klassen).

$\chi^2 = 5{,}991$

Da $\chi^2_{BEOB} < 5{,}991$ ist, kann mit einer Aussagewahrscheinlichkeit von 95% geschlossen werden, daß die Annahme der Normalverteilung nicht verworfen werden kann.

4.3 Test auf Ausreißer

Um eine einfache Zufallsauswahl anwenden zu können und damit auf kompliziertere Verfahren, wie z.B. geschichtete Stichproben zu verzichten, soll die Stichprobe möglichst homogen sein. Beispielsweise sollen bei der statistischen Qualitätskontrolle die technischen Bedingungen während der laufenden Produktion möglichst gleich sein. Ist dies nicht gewährleistet, so können Ausreißer auftreten. Dieses Problem ist einerseits unter inhaltlichen, andererseits unter statistischen Aspekten zu behandeln. Als statistischer Test wird hier der Test von David, Hartley und Pearson beschrieben.

Test nach David, Hartley und Pearson

Als Hypothesen werden formuliert:

Nullhypothese H_0: Weder x_{max} noch x_{min} ist ein Ausreißer.

Alternativhypothese H_1: Entweder x_{max} oder x_{min} ist ein Ausreißer.

1) Zur Überprüfung der Hypothesen wird folgende Testgröße berechnet:

$$a = \frac{R}{s}$$

dabei ist R : einfache Spannweite
s : Standardabweichung

Für das Beispiel im Bild 9 ergibt sich:

$$a = \frac{33}{9{,}75} = 3{,}39$$

2) Der kritische Wert $A_{1-\alpha;\,n}$ wird aus Tabelle 5 im Anhang abgelesen. Für $n = 15$ und $1 - \alpha = 95\%$ ergibt:

$$A_{1-\alpha;\,n} = 4{,}17$$

3) Vergleich von Testgröße und kritischem Wert

$$a < A_{1-\alpha;\,n}$$

Das bedeutet: H_0 wird mit einer Aussagewahrscheinlichkeit von 95% nicht verworfen, d.h. weder x_{max} noch x_{min} ist ein Ausreißer.

4.4 Vertrauensbereiche bei metrisch-skalierten Merkmalen

4.4.1 Vertrauensbereich für den arithmetischen Mittelwert

Nachdem geklärt wurde, daß die nach dem Zufallsprinzip ausgewählte Stichprobe homogen ist und das interessierende Merkmal normalverteilt ist, wird gefragt, wie groß der arithmetische Mittelwert der Grundgesamtheit ist. Wie kann man vom arithmetischen Mittelwert der Stichprobe auf den arithmetischen Mittelwert der Grundgesamtheit schließen? Ausgangspunkt ist also die Stichprobe, deren Kenngröße $\bar{x}$ man ermittelt hat. Der arithmetische Mittelwert der Grundgesamtheit μ ist demgegenüber unbekannt.

Schluß von der Stichprobe auf die Grundgesamtheit

Man könnte jedoch annehmen, daß die Beziehung $\mu = \bar{x}$ gilt, also das arithmetische Mittel der Grundgesamtheit durch die entsprechende Kenngröße der Stichprobe ersetzt werden kann. Damit wäre die oben gestellte Frage bereits beantwortet. Diese Lösung ist jedoch problematisch, denn der Wert $\bar{x}$ hängt davon ab, welche Meßwerte der Grundgesamtheit zufällig in die Stichprobe gelangen, d.h. $\bar{x}$ wird vom Zufall beeinflußt und ist auch normalverteilt, wenn das Merkmal x normalverteilt ist oder der „zentrale Grenzwertsatz" (siehe Abschn. 4.1) gilt.

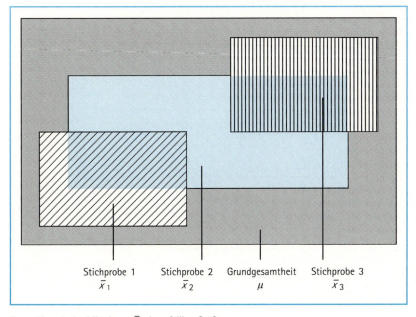

Der arithmetische Mittelwert $\bar{x}$ als zufällige Größe   Bild 36

4.4.1 Schließende Statistik — Vetrauensbereich für den arithmet. Mittelwert

Vertrauensbereich und Vertrauensgrenzen

Der arithmetische Mittelwert μ der Grundgesamtheit ist also nicht gleich, sondern nur ungefähr gleich $\bar{x}$ ($\mu \approx \bar{x}$). Diese Formulierung läßt sich wie folgt in Form eines Vertrauensbereichs präzisieren (vgl. auch Bild 37):

$$\mu_{\text{UNTEN}}^{\text{OBEN}} = \bar{x} \pm t \frac{s}{\sqrt{n}}$$

Dabei bedeuten:

$\mu_{\text{UNTEN}}^{\text{OBEN}}$: Untere und obere Vertrauensgrenze für den wahren, jedoch unbekannten arithmetischen Mittelwert μ der Grundgesamtheit

$n; \bar{x}; s$: Stichprobenumfang, Stichprobenmittelwert und Stichprobenstandardabweichung

t : der Aussagewahrscheinlichkeit $(1 - \alpha)$ und den Freiheitsgraden $FG = n - 1$ zugeordneter zweiseitiger kritischer Wert der t-Verteilung (siehe Tabelle 2 im Anhang)

Vertrauensbereich für den Mittelwert

Der Vertrauensbereich für den Mittelwert kennzeichnet das Intervall, in dem der unbekannte Mittelwert der Grundgesamtheit mit einer bestimmten Aussagewahrscheinlichkeit liegt.

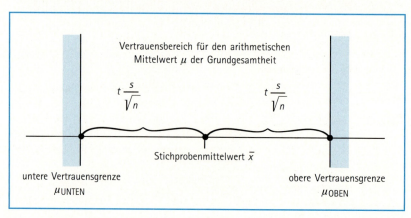

Bild 37 — Vertrauensgrenzen und Vertrauensbereich für den arithmetischen Mittelwert μ der Grundgesamtheit

Vetrauensbereich für den arithmet. Mittelwert — Schließende Statistik — 4.4.1

Die Stichprobe der Konservendosen mit $n = 15$ ergab folgende Ergebnisse:

$n = 15$
$\bar{x} = 499{,}1\,g$
$s = 9{,}75\,g$

Wie groß ist nun der Vertrauensbereich für den arithmetischen Mittelwert μ der Grundgesamtheit?

Aus der Tabelle der t-Verteilung (Tabelle 2 im Anhang) erhält man mit $1 - \alpha = 95\,\%$ und $FG = n - 1 = 14$ den zweiseitigen kritischen Wert

$t = 2{,}145$

$$\mu_{\text{UNTEN}}^{\text{OBEN}} = 499{,}1 \pm 2{,}145 \cdot \frac{9{,}75}{\sqrt{15}}$$

$$\mu^{\text{OBEN}} = 499{,}1 + 2{,}145 \cdot \frac{9{,}75}{\sqrt{15}} = 504{,}5\,g$$

$$\mu_{\text{UNTEN}} = 499{,}1 - 2{,}145 \cdot \frac{9{,}75}{\sqrt{15}} = 493{,}7\,g$$

d.h. der wahre, jedoch unbekannte Mittelwert μ der Grundgesamtheit liegt in dem Bereich zwischen 493,7 g und 504,5 g; die Wahrscheinlichkeit für diese Aussage beträgt 95 %.

Anhand des Beispiels wird deutlich, daß der Parameter der Grundgesamtheit μ
- nicht mit Sicherheit, sondern lediglich mit einer bestimmten Wahrscheinlichkeit zu ermitteln ist,
- durch einen Bereich, nicht durch einen einzelnen Wert bestimmt wird.

Man kann also folgende Aussage treffen: Der arithmetische Mittelwert μ der Grundgesamtheit liegt mit einer Wahrscheinlichkeit von 95 % in dem Bereich von 493,7 g bis 504,5 g; mit einer Wahrscheinlichkeit von 5 % liegt der Mittelwert außerhalb dieses Bereichs.

Wie aus der Formel zur Bestimmung des Vertrauensbereichs ersichtlich wird, ist dieser desto breiter, je größer $(1 - \alpha)$ wird und je kleiner der Stichprobenumfang n ist. Die Breite des Vertrauensbereichs bei konstanter Aussagewahrscheinlichkeit $(1 - \alpha)$ ist ein Maß dafür, wie gut μ durch $\bar{x}$ geschätzt wird: Ist der Bereich eng, so ist die Schätzung als gut zu bezeichnen.

4.4.1 Schließende Statistik — Vetrauensbereich für den arithmet. Mittelwert

relativer Vertrauensbereich

Bei der statistischen Auswertung wird häufig die Frage nach dem relativen Vertrauensbereich für die Schätzung von μ durch $\bar{x}$ gestellt. Im relativen Vertrauensbereich wird der Bezug zum arithmetischen Mittelwert hergestellt. Weiterhin ist für die Vorbereitung von Stichprobenerhebungen in Abhängigkeit vom gewünschten relativen Vertrauensbereich und der vorgegebenen Wahrscheinlichkeit $1 - \alpha$ der Stichprobenumfang n' zu ermitteln, der notwendig ist, um die geforderten Bedingungen zu erfüllen.

Der **relative Vertrauensbereich** ε wird wie folgt berechnet:

$$\varepsilon = \frac{|\mu - \bar{x}|}{\bar{x}} \cdot 100 \ [\%]$$

Verwenden wir den Vertrauensbereich für μ, so kann ε wie folgt geschrieben werden:

$$\boxed{\varepsilon = \frac{t}{\sqrt{n}} \cdot \frac{s}{\bar{x}} \cdot 100 \ [\%]}$$

Mit $v = \frac{s}{\bar{x}} \cdot 100$ ergibt sich:

$$\boxed{\varepsilon = \frac{t}{\sqrt{n}} \cdot v \ [\%]}$$

Der relative Vertrauensbereich für das Beispiel in Bild 9 errechnet sich wie folgt:

$$v = \frac{s}{\bar{x}} \cdot 100 = \frac{9{,}75}{499{,}1} \cdot 100 = 1{,}95 \ \%$$

$n = 15$

Aus der Tabelle der t-Verteilung (Tabelle 2 Anhang) liest man für $FG = n - 1 = 14$ und $1 - \alpha = 95\%$ folgenden Wert ab:

$t = 2{,}145$

Vetrauensbereich für den arithmet. Mittelwert **Schließende Statistik** 4.4.1

Dann erhält man ε:

$$\varepsilon = \frac{2{,}145}{\sqrt{15}} \cdot 1{,}95 = 1{,}1\,\%$$

d.h. mit einer Aussagewahrscheinlichkeit von 95% weichen Stichprobenmittelwert $\bar{x}$ und wahrer, jedoch unbekannter Mittelwert μ der Grundgesamtheit weniger als ε = 1,1% voneinander ab.

Man kann auch den relativen Vertrauensbereich ε' vorgeben und nach dem **Stichprobenumfang** n' fragen, der diesen Vertrauensbereich ermöglicht:

erforderlicher Stichprobenumfang

$$n' = \left(\frac{t \cdot v}{\varepsilon'}\right)^2$$

mit n' : erforderlicher Stichprobenumfang
    ε' : geforderter relativer Vertrauensbereich

Für eine Aussagewahrscheinlichkeit von 95% wird näherungsweise 2 eingesetzt, da t vom (noch nicht bekannten) n abhängig ist:

$$n' = \left(\frac{2 \cdot v}{\varepsilon'}\right)^2$$

Im vorher verwendeten Beispiel ergibt sich dann: Welche Stichprobengröße n' ist erforderlich, damit der unbekannte Mittelwert der Grundgesamtheit mit einem relativen Vertrauensbereich von ε' = 0,8% aufgrund des Stichprobenmittelwertes geschätzt werden kann?

Mit
v   = 1,95%
ε' = 0,8%
1 − α = 95%

ergibt sich

$$n' = \left(\frac{2 \cdot 1{,}95}{0{,}8}\right)^2 = 23{,}76 \approx 24,$$

d.h. die Stichprobe muß 24 Meßwerte beinhalten.

4.4.2 Vertrauensbereich für die Standardabweichung

Vertrauensbereich für die Standardabweichung

Nachdem der unbekannte Mittelwert μ der Grundgesamtheit durch einen Vertrauensbereich bestimmt wurde, ist nunmehr auch die unbekannte Standardabweichung der Grundgesamtheit zu ermitteln. Im Gegensatz zum Vertrauensbereich für μ ergeben sich für die Standardabweichung asymmetrische Vertrauensbereiche. Die beiden Vertrauensgrenzen sind getrennt zu berechnen. Die Formel für den Vertrauensbereich von σ lautet:

$$s \sqrt{\frac{n-1}{\chi^2_{1-\alpha/2;\,n-1}}} \leqq \sigma \leqq s \sqrt{\frac{n-1}{\chi^2_{\alpha/2;\,n-1}}}$$

Mit
s : Standardabweichung der Stichprobe
n : Stichprobenumfang

$\chi^2_{1-\alpha/2;\,n-1}$ bzw. $\chi^2_{\alpha/2;\,n-1}$: kritische Werte der χ^2-Verteilung (Tabelle 3 Anhang) in Abhängigkeit von $1-\alpha/2$ bzw. $\alpha/2$ und den Freiheitsgraden $FG = n-1$.

Für das Beispiel des Merkmals „Masse der Konservendosen in g" (Bild 9) ergibt sich:

$\bar{x}$ = 499,1 g
s = 9,75 g
n = 15

Die Berechnung erfolgt schrittweise:

1) Für eine Aussagewahrscheinlichkeit von 95 %, d.h. eine Irrtumswahrscheinlichkeit von α = 5 % läßt sich aus Tabelle 3 im Anhang für $FG = n-1 = 14$ ablesen:

   $\chi^2_{0,975;\,14}$ = 26,12

   $\chi^2_{0,025;\,14}$ = 5,629

2)

$$\sigma_{UNTEN} = s\sqrt{\frac{n-1}{\chi^2_{1-\alpha/2;\,n-1}}} = 9{,}75 \cdot \sqrt{\frac{14}{26{,}12}} = 7{,}14$$

$$\sigma_{OBEN} = s\sqrt{\frac{n-1}{\chi^2_{1-\alpha/2;\,n-1}}} = 9{,}75 \cdot \sqrt{\frac{14}{5{,}629}} = 15{,}38$$

3) Der Vertrauensbereich für σ lautet:

$7{,}14 \leq \sigma \leq 15{,}38$

Das bedeutet: Mit einer Aussagewahrscheinlichkeit von 95% liegt die Standardabweichung der Grundgesamtheit zwischen 7,14 g und 15,38 g.

4.4.3 Vertrauensbereich für die Differenz zweier Mittelwerte

Beispiel: Aus der laufenden Produktion einer Abfüllanlage werden zu zwei Zeitpunkten Konserven zufällig ausgewählt. Die Untersuchung ergab folgendes Ergebnis:

Stichprobe zum Zeitpunkt 1:

$\bar{x}_1 = 499{,}1\,g$
$s_1 = 9{,}75\,g$
$n_1 = 15$

Stichprobe zum Zeitpunkt 2:

$\bar{x}_2 = 501{,}2\,g$
$s_2 = 9{,}10\,g$
$n_2 = 16$

Man könnte fragen, ob die beobachtete Abweichung zwischen beiden Stichprobenmittelwerten zufällig ist, oder ob sich die durchschnittliche Masse der Konserven im Zeitablauf tatsächlich erhöht hat (letzteres würde z. B. auf einen fehlerhaften Produktionsprozeß hinweisen).

4.4.3 Schließende Statistik — Vertrauensber. f. d. Differenz zweier Mittelwerte

Geht man davon aus, daß beide Stichproben aus einer normalverteilten Grundgesamtheit mit $\sigma_1 = \sigma_2 = \sigma$ stammen, so ist die Frage mit Hilfe eines Vertrauensbereichs für die Differenz zweier Mittelwerte zu beantworten. Der Vertrauensbereich hat folgende Form:

$$(\mu_2 - \mu_1)_{\text{UNTEN}}^{\text{OBEN}} = (\bar{x}_2 - \bar{x}_1) \pm t \cdot s_D$$

$$\text{mit } s_D = \sqrt{\frac{(n_1 - 1)\, s_1^2 + (n_2 - 1)\, s_2^2}{n_1 + n_2 - 2}} \sqrt{\frac{n_1 + n_2}{n_1\, n_2}}$$

t : der Aussagewahrscheinlichkeit $(1 - \alpha)$ und der Größe $FG = n_1 + n_2 - 2$ zugeordneter zweiseitiger kritischer Wert der t-Verteilung (Tabelle 2 im Anhang)

$\bar{x}_1, \bar{x}_2$: arithmetischer Mittelwert der Stichprobe 1 bzw. 2

s_1^2, s_2^2 : Varianz der Stichprobe 1 bzw. 2

Folgende Schritte sind zur Berechnung erforderlich:

1) Die Anzahl der Freiheitsgrade ist $FG = 15 + 16 - 2 = 29$. Der zweiseitige kritische Wert der t-Verteilung für $1 - \alpha = 95\%$ und $FG = 29$ ergibt sich dann zu:

$t = 2{,}045$

2) $s_1^2 = 9{,}75^2 = 95{,}1$

$s_2^2 = 9{,}1^2 = 82{,}8$

$$s_D = \sqrt{\frac{14 \cdot 95{,}1 + 15 \cdot 82{,}8}{29}} \cdot \sqrt{\frac{31}{15 \cdot 16}}$$

$$= \sqrt{\frac{2573{,}4}{29}} \cdot \sqrt{\frac{31}{240}} = 3{,}39$$

3) $(\mu_2 - \mu_1)^{\text{OBEN}} = (501{,}2 - 499{,}1) + 2{,}045 \cdot 3{,}39 = 9{,}03$

$(\mu_2 - \mu_1)_{\text{UNTEN}} = (501{,}2 - 499{,}1) - 2{,}045 \cdot 3{,}39 = -4{,}83$

d.h. mit einer Wahrscheinlichkeit von 95% liegt der Abstand beider Mittelwerte zwischen -4,83 und 9,03 g, d.h. aus dem Ergebnis kann nicht auf eine statistisch gesicherte Erhöhung der Abfüllinhalte geschlossen werden, denn $\mu_2 - \mu_1 = 0$ liegt innerhalb des Vertrauensbereichs.

4.5 Parametertests bei metrisch-skalierten Merkmalen

4.5.1 Fehlerarten beim Testen

Bei der Berechnung der Vertrauensbereiche steht die Frage im Vordergrund, wie man mit Hilfe von Zufallsstichproben unbekannte Parameter von Grundgesamtheiten (z.B. μ, σ) schätzen kann.

> **Die Testverfahren dienen dazu, wie man mit Hilfe von Zufallsstichproben testen (überprüfen) kann, ob bestimmte Hypothesen (Annahmen, Behauptungen) verworfen oder nicht verworfen werden können.**

Testverfahren

Dazu wird eine Ausgangshypothese, eine sog. Nullhypothese aufgestellt. Dies ist beispielsweise ein Sollwert, ein Zeichnungsmaß. Man unterscheidet zwischen einseitigen und zweiseitigen Tests. Der zweiseitige Test wird wie folgt formuliert: Die Nullhypothese $H_0 : \mu = \mu_0 = 500\,g$ wird gegen die Alternativhypothese $H_1 : \mu \neq \mu_0 = 500\,g$ getestet.

Formulierung von Hypothesen

Der einseitige Test beinhaltet dagegen folgende Hypothesenbildung:
Die Nullhypothese $H_0 : \mu \leq \mu_0$ wird gegen die Alternativhypothese
$H_1 : \mu > \mu_0$
oder
die Nullhypothese $H_0 : \mu \geq \mu_0$ gegen die Alternativhypothese
$H_1 : \mu < \mu_0$ getestet.

Es ist beispielsweise die Frage zu klären, ob der geplante Wert für die durchschnittliche Produktionsmenge pro Woche aufgrund der Anwendung eines neuen Produktionsverfahrens erreicht wird. Dabei ist der Planwert μ_0. Es muß überprüft werden, ob H_0 abgelehnt wird oder nicht. Die Ablehnung bzw. Nichtablehnung von H_0 kann nun entweder eine richtige oder auch falsche Aussage sein.

Dazu verwenden wir als Beispiel die Hypothese (einseitiger Test)

$H_0 : \mu \geq \mu_0$

gegen $H_1 : \mu < \mu_0$

Der wahre, jedoch unbekannte Sachverhalt kann sein:
- Die durchschnittliche Produktionsmenge ist tatsächlich größer oder gleich μ_0, dann ist H_0 wahr.
- Die durchschnittliche Produktionsmenge ist tatsächlich kleiner als μ_0, dann ist H_1 wahr.

4.5.1 Schließende Statistik — Fehlerarten beim Testen

Aufgrund der Stichprobenergebnisse können folgende Aussagen gemacht werden:

- Durch das neue Produktionsverfahren kann der Sollwert erreicht werden, d.h. H_0 wird nicht verworfen.
- Durch das neue Produktionsverfahren wird der Sollwert μ_0 nicht erreicht, d.h. H_0 wird abgelehnt.

Zwischen der Aussage und dem wahren Sachverhalt sind somit 4 Kombinationen möglich (Bild 38).

Aussage	wahrer Sachverhalt	
	H_0 trifft zu	H_0 trifft nicht zu
H_0 wird nicht abgelehnt	richtige Aussage	falsche Aussage (Fehler 2. Art)
H_0 wird abgelehnt	falsche Aussage (Fehler 1. Art)	richtige Aussage

Bild 38 Fehler beim Testen von Hypothesen

Falsche Aussagen werden

- als Fehler 1. Art gemacht, d.h. H_0 wird abgelehnt, obwohl H_0 in Wahrheit richtig ist, und zwar mit der Irrtumswahrscheinlichkeit α,
- als Fehler 2. Art gemacht, d.h. H_0 wird nicht abgelehnt, obwohl H_0 in Wahrheit nicht zutrifft.

Ein Fehler 1. Art liegt vor, wenn beispielsweise aufgrund der Stichprobenergebnisse die Einhaltung des Sollwerts nicht bestätigt werden kann, obwohl er in Wahrheit erreicht wird. Ein Fehler 2. Art ist dann gegeben, wenn aufgrund der Stichprobenergebnisse die Einhaltung des Sollwerts bestätigt wird, obwohl die Anwendung des neuen Produktionsverfahrens in Wahrheit nicht zum Erreichen des Sollwerts für die durchschnittliche Produktionsmenge geführt hat.

4.5.2 Test des arithmetischen Mittelwerts

Aus den Angaben des Herstellers ist bekannt, daß die Abfüllanlage für Konserven bei richtiger Einstellung durchschnittlich 500g in die Konserven abfüllt. Man steht nun vor der Aufgabe, anhand des Stichprobenergebnisses $\bar{x} = 499{,}1\,g$ zu entscheiden, ob die Abfüllanlage richtig arbeitet. Diese Fragestellung führt zu folgenden Hypothesen:

Formulierung der Hypothesen

Nullhypothese $H_0 : \mu = \mu_0 = 500\,g$, d.h. die Maschine arbeitet richtig

Alternativhypothese $H_1 : \mu \neq 500\,g$, d.h. die Maschine arbeitet fehlerhaft

Ausgangspunkt für den Test ist die Testgröße

Testgröße

$$t_{BEOB} = \frac{\bar{x} - \mu_0}{s} \sqrt{n}$$

mit

- $\bar{x}$: Stichprobenmittelwert
- μ_0 : Mittelwert der Grundgesamtheit unter der Nullhypothese H_0
- n : Stichprobenumfang

Da ein zweiseitiger Test vorliegt, kann aus der t-Tabelle (Tab. 2 im Anhang) zu einer gegebenen Aussagewahrscheinlichkeit $(1-\alpha)$ der zweiseitige kritische Wert t abgelesen werden.

Falls

$$|t_{BEOB}| \leq t_{1-\alpha/2;\,FG}$$

wird H_0 nicht verworfen, d.h. es wird angenommen, daß die Maschine planmäßig arbeitet.

Zur Durchführung des Tests empfiehlt sich folgendes Vorgehen:

Vorgehen

1) Für $FG = n - 1 = 15 - 1 = 14$ und $1 - \alpha = 95\%$ wird der zweiseitige kritische Wert aus der t-Tabelle abgelesen:

   $t = 2{,}145$

2) Berechnung der Prüfgröße t_{BEOB}

$$t_{BEOB} = \frac{\bar{x} - \mu_0}{s} \cdot \sqrt{n}$$

$$= \frac{499{,}1 - 500}{9{,}75} \cdot \sqrt{15} = -0{,}35$$

$|t_{BEOB}| = 0{,}35$

Da $0{,}35 < 2{,}145$ ist, kann mit einer Wahrscheinlichkeit von 95% angenommen werden, daß die Maschine richtig arbeitet und im Durchschnitt 500g in die Konservendosen abfüllt.

4.5.3 Test der Standardabweichung

Fragestellung

Im Rahmen statistischer Untersuchungen ist man häufig vor die Aufgabe gestellt, Aussagen über die unbekannte Standardabweichung der Grundgesamtheit zu machen. In unserem Beispiel ist man z.B. daran interessiert, daß die Inhalte der Konserven möglichst wenig vom arithmetischen Mittelwert abweichen, d.h. die Standardabweichung sollte möglichst gering sein. Aus den Angaben des Herstellers der Anlage ist bekannt, daß die fehlerfrei arbeitende Anlage die Konserven mit einer Standardabweichung $\sigma = 8g$ abfüllen soll. Als Standardabweichung der Stichprobe ergab sich:

$s = 9{,}75 g$

Es stellt sich die Frage, ob aus dem Stichprobenergebnis geschlossen werden kann, daß die Standardabweichung $\sigma > 8g$ ist. Sollte dies der Fall sein, muß die Anlage als fehlerhaft bezeichnet werden. Es bieten sich folgende Hypothesen an:

Nullhypothese $\quad H_0 : \sigma = \sigma_0 \leqq 8$ bzw. $\sigma^2 = \sigma_0^2 \leqq 64$

Alternativhypothese $\quad H_1 : \sigma > 8$ bzw. $\sigma^2 > 64$

Testgröße

Ausgangspunkt dieses Tests ist die Testgröße

$$\chi^2_{BEOB} = \frac{(n-1) s^2}{\sigma_0^2}$$

Falls die Grundgesamtheit normalverteilt ist, folgt die Testgröße einer χ^2-Verteilung mit $FG = n - 1$ Freiheitsgraden.

Aus der Tabelle der Chi-Quadrat-Verteilung (siehe Tab. 3 Anhang) kann zu einer Aussagewahrscheinlichkeit $(1 - \alpha)$ der kritische Wert χ^2 abgelesen werden.

Die Entscheidungsvorschrift für den Test lautet:

- Falls $\chi^2_{BEOB} \leq \chi^2$ ist, wird angenommen, daß die Anlage keine statistisch gesicherten Abweichungen von der Standardabweichung 8g produziert (Die Nullhypothese wird nicht verworfen).
- Falls $\chi^2_{BEOB} > \chi^2$ ist, wird angenommen, daß die Abweichungen von 8g statistisch gesichert, d.h. wesentlich bzw. bedeutsam sind.

Zur Durchführung des Tests empfiehlt sich folgendes Vorgehen:

1) Für $FG = n - 1 = 15 - 1 = 14$ und $1 - \alpha = 95\%$ wird der kritische Wert aus der χ^2-Tabelle abgelesen.

$\chi^2 = 23{,}68$

2) Es wird die Testgröße χ^2_{BEOB} berechnet:

$$\chi^2_{BEOB} = \frac{(n-1)\,s^2}{\sigma_0^2}$$

$$= \frac{14 \cdot 9{,}75^2}{8^2} = \frac{1330{,}9}{64} = 20{,}8$$

Da $20{,}8 < 23{,}68$ ist, kann mit einer Aussagewahrscheinlichkeit von 95% davon ausgegangen werden, daß die Anlage noch mit einer Standardabweichung von 8g arbeitet, d.h. die Abweichungen nicht statistisch gesichert sind.

4.5.4 Zweistichproben-Test für die Differenz zweier arithmetischer Mittelwerte

Soll überprüft werden, ob sich die arithmetischen Mittelwerte zweier Grundgesamtheiten (z.B. Produktion mit zwei verschiedenen Produktionsverfahren oder zu zwei unterschiedlichen Zeitpunkten) voneinander abweichen, so ist ein Zweistichproben-Test durchzuführen.

4.5.4 Schließende Statistik — Zweistichprobentest

Testgröße

Ein einseitiger Test wird wie folgt formuliert:

Nullhypothese

$H_0 : \mu_1 \geq \mu_2$

Alternativhypothese

$H_1 : \mu_1 < \mu_2$

Die Testgröße lautet unter der Annahme $\sigma_1 = \sigma_2$:

$$t_{BEOB} = \frac{\bar{x}_1 - \bar{x}_2}{s_D}$$

mit

$$s_D = \sqrt{\frac{(n_1 - 1)\, s_1^2 + (n_2 - 1)\, s_2^2}{n_1 + n_2 - 2}} \sqrt{\frac{n_1 + n_2}{n_1\, n_2}}$$

Aus der t-Tabelle (Tabelle 2 im Anhang) kann zu einer gegebenen Aussagewahrscheinlichkeit $(1 - \alpha)$ der einseitige kritische Wert $t_{1-\alpha;\, FG}$ mit $FG = n_1 + n_2 - 2$ abgelesen werden.

Falls

$|t_{BEOB}| \leq t_{1-\alpha;\, FG}$

wird H_0 nicht abgelehnt, d.h. es bestehen keine statistisch gesicherten Unterschiede zwischen den arithmetischen Mittelwerten μ_1 und μ_2. Ist jedoch

$|t_{BEOB}| > t_{1-\alpha;\, FG}$

so wird H_0 abgelehnt, d.h. es ist auf statistisch gesicherte Unterschiede zwischen den beiden arithmetischen Mittelwerten zu schließen.

Beispiel: Aufgrund einer Stichprobe an der Abfüllanlage 1 sind folgende Ergebnisse festzustellen:

$n_1 = 15$
$\bar{x}_1 = 499{,}1\, g$
$s_1 = 9{,}75\, g$

Zweistichprobentest — Schließende Statistik — 4.5.4

Eine Stichprobe an der Abfüllanlage 2 ergibt:

$n_2 = 17$
$\bar{x}_2 = 502{,}5\,g$
$s_2 = 10\,g$

Folgende Schritte sind zweckmäßig: Vorgehen

1) Für eine Aussagewahrscheinlichkeit von 95% und $FG = n_1 + n_2 - 2 = 15 + 17 - 2 = 30$ ist aus Tabelle 2 im Anhang der einseitige kritische Wert für t abzulesen:

$t_{1-\alpha;\ FG} = t_{0{,}95;\ 30} = 1{,}697$

2) Berechnung der Prüfgröße

$$t_{BEOB} = \frac{\bar{x}_1 - \bar{x}_2}{s_D}$$

$$s_D = \sqrt{\frac{(n_1 - 1)s_1^2 + (n_2 - 1)s_2^2}{n_1 + n_2 - 2}} \cdot \sqrt{\frac{n_1 + n_2}{n_1 n_2}}$$

$$= \sqrt{\frac{14 \cdot 9{,}75^2 + 16 \cdot 10^2}{15 + 17 - 2}} \cdot \sqrt{\frac{15 + 17}{15 \cdot 17}}$$

$$t_{BEOB} = \frac{499{,}1 - 502{,}5}{9{,}88 \cdot \sqrt{\frac{15 + 17}{15 \cdot 17}}} = -0{,}97$$

Da $|t_{BEOB}| = 0{,}97 < t_{0{,}95;\ 30} = 1{,}697$ kann mit einer Wahrscheinlichkeit von 95% davon ausgegangen werden, daß kein statistisch gesicherter Unterschied zwischen den arithmetischen Mittelwerten besteht.

4.6 Vertrauensbereiche bei nominal-skalierten Merkmalen

4.6.1 Grundlagen und Verteilungsformen

Binomialverteilung

Nominal-skalierte Merkmale beschreiben Eigenschaften und haben beispielsweise Merkmalsausprägungen „gut" oder „schlecht", „Oberfläche fehlerfrei" oder „Oberfläche mit Fehlern". Der Stichprobenumfang n ist die Anzahl der untersuchten Einheiten. Die absolute Häufigkeit x ist bei n untersuchten Einheiten die Anzahl der Beobachtungen, die die betrachtete Ausprägung des Merkmals aufweisen, z. B. Ausschußstücke. Dabei kann x nur ganzzahlige (diskrete) Werte $x = 0, 1, 2, \ldots, n$ annehmen. Für die Berechnung von Vertrauensbereichen und das Testen von Hypothesen wird vorausgesetzt, daß die Anzahl der Einheiten mit einer bestimmten Ausprägung des nominal-skalierten Merkmals einer diskreten Verteilung folgt. Wenn p die Wahrscheinlichkeit ist, daß z. B. ein gefertigtes Teil Ausschuß ist, bzw. $(1-p)$ die Wahrscheinlichkeit ist, daß ein anderes Teil kein Ausschuß ist, dann ist die Wahrscheinlichkeit, bei n Versuchen genau x-mal ein Ausschußstück zu erhalten, durch folgende Formel beschrieben:

$$\varphi(x) = \binom{n}{x} p^x (1-p)^{n-x} = \frac{n!}{x!(n-x)!} p^x (1-p)^{n-x}$$

Diese Funktion bezeichnet man als **Binomialverteilung**.

Bei genügend großem Stichprobenumfang kann jedoch die Binomialverteilung durch die Normalverteilung angenähert werden. Als Bedingung gilt dabei:

$n \cdot p(1-p) \geqq 9$

Beispiel: Eine Maschine produziert Bleistifte. Man hat einen Ausschußanteil von 20% festgestellt. Wie groß ist nun die Wahrscheinlichkeit, daß von 4 zufällig ausgewählten Bleistiften ein Bleistift Ausschuß ist? Die aufgrund der Binomialverteilung berechnete Wahrscheinlichkeit ist:

$$\varphi(1) = \binom{4}{1} 0{,}2^1 \cdot 0{,}8^{4-1}$$

$$= \binom{4}{1} 0{,}2^1 \cdot 0{,}8^3 = \frac{4!}{1!\,3!} \; 0{,}2^1 \cdot 0{,}8^3$$

$$= 0{,}4096$$

Die Wahrscheinlichkeit, daß von 4 zufällig ausgewählten Bleistiften 1 Bleistift Ausschuß ist, beträgt 40,96 %.

4.6.2 Vertrauensbereich für den Anteilswert der Grundgesamtheit

Da der Anteilswert der Grundgesamtheit p jedoch unbekannt ist, muß er aus den Stichprobenergebnissen geschätzt werden. Der Schätzwert $\hat{p}$ ist:

Anteilswert

$$\hat{p} = \frac{x}{n}$$

Da p nur ungefähr gleich $\hat{p}$ ist, muß ein Vertrauensbereich für den unbekannten Anteilswert p gebildet werden.

Der **Vertrauensbereich** für den unbekannten Anteilswert p der Grundgesamtheit lautet:

Vertrauensbereich

$$p_{UNTEN}^{OBEN} = \hat{p} \pm u_{1-\alpha/2} \sqrt{\frac{\hat{p}(1-\hat{p})}{n}}$$

mit

p_{UNTEN}^{OBEN} : untere und obere Vertrauensgrenze für den wahren, jedoch unbekannten Anteilswert der Grundgesamtheit

$\hat{p}$: Anteilswert der Stichprobe

$u_{1-\alpha/2}$: zweiseitiger kritischer Wert aus der Verteilungsfunktion der Normalverteilung in Abhängigkeit von der geforderten Aussagewahrscheinlichkeit $1-\alpha$ (Tabelle 1 im Anhang).

Dieser Vertrauensbereich für den Anteilswert darf jedoch nur dann berechnet werden, wenn die Bedingung

$n \cdot \hat{p}(1-\hat{p}) \geqq 9$

erfüllt ist.

Beispiel: Eine Stichprobe von 500 Kühlschränken wurde auf Fehler untersucht. 70 Kühlschränke wiesen 1 oder mehrere Fehler auf (Lackschäden, fehlerhafte elektronische Steuerung usw.). Es ist die Frage zu beantworten, in welchem Bereich der unbekannte Anteilswert der Grundgesamtheit liegt.

Beispiel

4.6.2 Schließende Statistik — Vetrauensb. f. d. Anteilswert der Grundgesamtheit

1) Berechnung des Schätzwertes $\hat{p}$ und Überprüfung der Anwendungsbedingung

$n = 500$

$\hat{p} = \dfrac{70}{500} = 0{,}14$

$n \cdot \hat{p} \cdot (1-\hat{p}) = 500 \cdot 0{,}14 \cdot (1 - 0{,}14) = 60{,}2$

60,2 > 9, d.h. der Vertrauensbereich kann berechnet werden (Annahme der Normalverteilung von p ist gerechtfertigt).

2) Berechnung des Vertrauensbereiches

$u_{1-\alpha/2} = 1{,}96$ für $1 - \alpha = 95\%$

$p_{UNTEN}^{OBEN} = 0{,}14 \pm 1{,}96 \sqrt{\dfrac{0{,}14 \cdot 0{,}86}{500}} = 0{,}14 \pm 1{,}96 \cdot 0{,}0155 = 0{,}14 \pm 0{,}0304$

$p^{OBEN} = 0{,}17$

$p_{UNTEN} = 0{,}11$

Das bedeutet: Mit einer Wahrscheinlichkeit von 95% liegt der Anteil der fehlerhaften Kühlschränke in der Grundgesamtheit zwischen 11% und 17%.

Ähnlich wie beim arithmetischen Mittel der Stichprobe $\bar{x}$ kann man auch hier fragen, wie groß der Stichprobenumfang sein muß, wenn die Abweichung zwischen Stichprobenanteil $\hat{p}$ und dem Anteil der Grundgesamtheit p (bei einer gegebenen Wahrscheinlichkeit) einen bestimmten Wert f' nicht überschreiten soll. Die Formel für die Bestimmung des Stichprobenumfangs lautet:

notwendiger Stichprobenumfang

$$n' = \dfrac{u_{1-\alpha/2}^2 \cdot p \cdot (1-p)}{(f')^2}$$

mit:

    p : Anteilswert der Grundgesamtheit

    $f' = |\hat{p} - p|$: geforderte maximale Abweichung zwischen Stichproben- und Grundgesamtheits-Anteilswert

    $u_{1-\alpha/2}$: zweiseitiger kritischer Wert der Normalverteilung

    n' : erforderlicher Stichprobenumfang

Wenn p nicht bekannt ist und auch noch keine Stichprobenergebnisse vorliegen, dann setzt man für p einen Schätzwert $\hat{p}$ ein, der beispielsweise aus einer „Vorstichprobe" oder aus einer früheren Erhebung stammt.

Ist beispielsweise aus früheren Untersuchungen bekannt, daß der Anteil der fehlerhaften Kühlschränke 10% beträgt, ergibt sich

$$n' = \frac{1,96^2 \cdot 0,1 \cdot (1-0,1)}{0,02^2} = 864,4$$

Das heißt, man benötigt eine Stichprobe vom Umfang $n' = 865$, um die geforderte Abweichung $f' = 2\%$ mit einer Aussagewahrscheinlichkeit von 95% zu erreichen.

Eine wichtige Anwendung für die Berechnung eines Vertrauensbereiches für den Anteilswert einer Grundgesamtheit ist die statistische Auswertung einer Multimomentaufnahme.

4.6.3 Vertrauensbereich für die Differenz zweier Anteilswerte

Bei einer früheren Stichprobenuntersuchung wurde festgestellt, daß der Anteil der fehlerhaften Kühlschränke lediglich 8% betrug. Es stellt sich die Frage, ob das festgestellte Ergebnis von $\hat{p}_2 = 0,14$ darauf schließen läßt, daß die Qualität der Produktion im Zeitablauf schlechter geworden ist. Um dieses Problem zu lösen, wird ein Vertrauensbereich für die Differenz zweier Anteilswerte gebildet. Unter der Voraussetzung, daß beide Stichproben unabhängig voneinander sind und für beide die Bedingung $n \cdot p(1-\hat{p}) \geqq 9$ gilt, ist auch die Differenz zweier Anteilswerte normalverteilt.

Fragestellung

Der Vertrauensbereich lautet dann:

Vertrauensbereich

$$(p_2 - p_1)_{\text{UNTEN}}^{\text{OBEN}} = \hat{p}_2 - \hat{p}_1 \pm u_{1-\alpha/2} \sqrt{\frac{\hat{p}_2(1-\hat{p}_2)}{n_2} + \frac{\hat{p}_1(1-\hat{p}_1)}{n_1}}$$

mit:
- p_1, p_2 : Anteilswerte in den Grundgesamtheiten 1 und 2
- $\hat{p}_1, \hat{p}_2$: Anteilswerte in den Stichproben 1 und 2
- n_1, n_2 : Stichprobenumfang der Stichproben 1 und 2
- $u_{1-\alpha/2}$: zweiseitiger kritischer Wert der Normalverteilung mit der Aussagewahrscheinlichkeit $(1-\alpha)$.

4.6.2 Schließende Statistik — Vetrauensb. f. d. Differenz zweier Anteilswerte

Beispiel:

$\hat{p}_2 = 0{,}14$
$n_2 = 500$
$\hat{p}_1 = 0{,}08$
$n_1 = 600$

$$(p_2 - p_1)^{OBEN}_{UNTEN} = 0{,}14 - 0{,}08 \pm 1{,}96 \sqrt{\frac{0{,}14 \cdot 0{,}86}{500} + \frac{0{,}08 \cdot 0{,}92}{600}}$$

$(p_2 - p_1)^{OBEN} = 0{,}0974$ oder $9{,}74\%$

$(p_2 - p_1)_{UNTEN} = 0{,}0226$ oder $2{,}26\%$

Das heißt, mit einer Wahrscheinlichkeit von 95% liegt die Differenz beider Anteilswerte zwischen +2,26 und +9,74%. Aus diesem Ergebnis folgt, daß der Anteil der fehlerhaften Kühlschränke in der zweiten Grundgesamtheit höher ist. Wir müssen also von einer Qualitätsverschlechterung ausgehen.

4.7 Statistische Qualitätskontrolle als Anwendungsgebiet für die Methoden der beschreibenden und schließenden Statistik

4.7.1 Grundlagen

Die statistische Qualitätskontrolle (Qualitätssicherung, Qualitätsregelung, Prozeßkontrolle) beinhaltet im allgemeinen drei Schritte: *Analyseschritte*

1) Datenanalyse
   - Planung der Stichprobenziehung und Kennzeichnung der Qualitätsregelkarte.
   - Eintragung der Meßwerte in die Qualitätsregelkarte und Berechnung der Stichproben-Kenngrößen.
   - Graphische Darstellung der Stichproben-Kenngrößen in der Qualitätsregelkarte.
2) Prozeßanalyse und Prozeßregelung
   - Ermittlung der Eingriffsgrenzen.
   - Analyse der Streuung.
   - Analyse der Lage der Meßwerte.
   - Permanente statistische Prozeßregelung.
3) Analyse und Beurteilung der Prozeßfähigkeit
   - Berechnung der Prozeßfähigkeit.
   - Beurteilung der Prozeßfähigkeit und eventuell Verbesserung.

Als Beispiel wird das a-Maß beim Schweißen einer Doppelkehlnaht verwendet. Bei Kehlnähten ist die Nahtdicke a gleich der Höhe des einschreibbaren, gleichschenkligen Dreiecks. Die Dicke der Kehlnaht darf 3 mm nicht unterschreiten und im allgemeinen 0,7 t_1 nicht überschreiten, wobei t_1 die kleinere Dicke der zu schweißenden Teile an der Schweißnaht ist (Bild 39).

4.7.2 Schließende Statistik — Kontrollkarten und Prozeßsteuerung

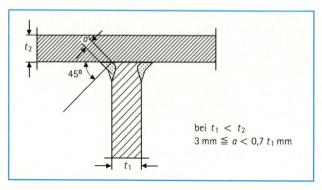

Bild 39   Schweißen einer Doppelkehlnaht nach DIN 4100

Im Beispiel ist $t_1 = 6\,\text{mm}$ und $t_2 = 8\,\text{mm}$, so daß der maximal zulässige Wert 4,2 mm beträgt. Nach DIN ist eine Unterschreitung des kleinsten Wertes um 0,15 mm zulässig, so daß der minimale Wert 2,85 mm beträgt.

4.7.2 Kontrollkarten und Prozeßsteuerung

Vorgehen bei der Qualitätskontrolle

Das Vorgehen bei der Qualitätskontrolle wird nun schrittweise erläutert:

1) Planung der Stichprobenziehung und Kennzeichnung der Qualitätsregelkarte

Stichprobenziehung

Bei der Planung ist

- der Stichprobenumfang n pro Zeitpunkt,
- die Entnahmehäufigkeit,
- die Anzahl der Stichproben k der gewählten Zeitperiode

festzulegen.

Der **Stichprobenumfang** beträgt im allgemeinen 5 Einheiten (Stück, Teil). Diese 5 Einheiten sollen aus nacheinander gefertigten Teilen bestehen, damit sehr ähnliche Prozeßbedingungen abgebildet werden und die Streuung als zufällig anzusehen ist. Der gewählte Stichprobenumfang muß über die Regelungsdauer konstant bleiben.

Die **Entnahmehäufigkeit** soll so gewählt werden, daß damit mögliche Prozeßveränderungen zu erkennen sind, wie Schichtwechsel, Springereinsatz, Warmlaufphasen, Werkzeugwechsel, Materialschwankungen infolge Chargenwechsels. Bei einer Erstuntersuchung werden hohe Entnahmehäufigkeiten gewählt, um festzustellen, wie stabil der Prozeß ist. Liegt ein stabiler Prozeß vor, kann die Entnahmehäufigkeit reduziert werden.

Kontrollkarten und Prozeßsteuerung   **Schließende Statistik**   4.7.2

Die Anzahl der **Stichproben** sollte so groß gewählt werden, daß sich in der Untersuchungszeit die wichtigsten Streuungsursachen entdecken lassen. Aus statistischer Sicht sind etwa 20 bis 25 Stichproben mit je $n = 5$ erforderlich, da dann insgesamt 100 bis 125 Meßwerte vorliegen.

Das Anlegen der Qualitätsregelkarte umfaßt im wesentlichen die Kennzeichnung des interessierenden Merkmals und die Wahl von Lage- und Streuungsmaß, beispielsweise $\bar{x}$ und R.

2) Eintragung der Meßwerte in die Qualitätsregelkarte und Berechnung der Stichprobenkenngrößen   *Stichprobenkenngrößen*

Zu den vorgegebenen Zeitpunkten werden k Stichproben mit dem Stichprobenumfang n entnommen, die Teile werden gemessen und die Meßergebnisse als Einzelwerte x_i in die Karte eingetragen. Dann wird die Summe der Einzelwerte Σx_i ermittelt und ebenfalls notiert. Als Stichproben-Kenngrößen werden daraus der arithmetische Mittelwert $\bar{x}$ und die Spannweite R bestimmt und in die dafür vorgesehenen Datenfelder eingetragen.

3) Graphische Darstellung der Stichproben-Kenngrößen in der Qualitätsregelkarte   *Graphische Darstellung der Kenngrößen*

Aus den Datenfeldern im unteren Teil der Qualitätsregelkarte werden die Mittelwerte und Spannweiten in das Koordinatennetz eingetragen. Die Punkte werden jeweils durch einen Kurvenzug verbunden, um Tendenzen sichtbar zu machen.

Das Ergebnis der Schritte 1 bis 3 ist Bild 40 zu entnehmen.

4.7.2 Schließende Statistik — Kontrollkarten und Prozeßsteuerung

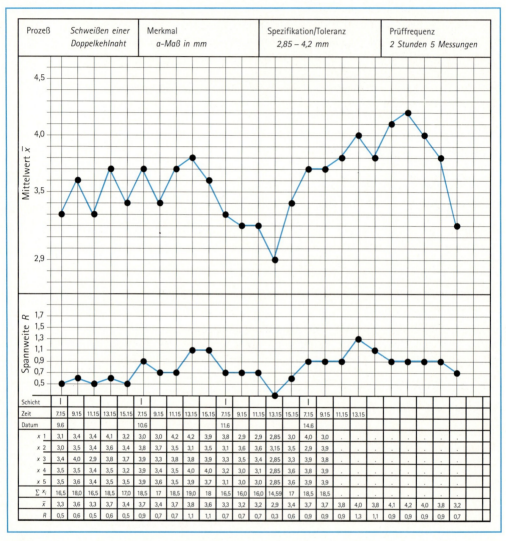

Bild 40 Statistische Qualitätskontrolle mit einer $\bar{x}/R$-Karte

Kontrollkarten und Prozeßsteuerung **Schließende Statistik** 4.7.2

4) Ermittlung der Eingriffsgrenzen

Eingriffsgrenzen

Die Eingriffsgrenzen (Vertrauensbereiche) werden unter Verwendung spezieller Faktoren berechnet, die in Tabelle 6 im Anhang zu finden sind. Zuvor müssen jedoch die mittlere Spannweite $\bar{R}$ und der Prozeßmittelwert $\bar{\bar{x}}$ (Mittelwert der Stichproben-Mittelwerte) ermittelt werden.

Die oberen (*OEG*) und unteren Eingriffsgrenzen (*UEG*) für die Spannweite und den Mittelwert werden wie folgt berechnet:

(1) Spannweite:

$$OEG_R = D_2 \cdot \bar{R} \qquad UEG_R = D_1 \cdot \bar{R}$$

(2) Mittelwert:

$$OEG_{\bar{x}} = \bar{\bar{x}} + A_1 \cdot \bar{R} \qquad UEG_{\bar{x}} = \bar{\bar{x}} - A_1 \cdot \bar{R}$$

Die kritischen Werte A_1, D_1, D_2 sind der Tabelle 6 im Anhang zu entnehmen (Aussagewahrscheinlichkeit 99,73%).

Im Beispiel ergibt sich:

$OEG_R = 2{,}12 \cdot 0{,}78 = 1{,}66$
$UEG_R = 0$, da $D_1 = 0$ für $n = 5$

$OEG_{\bar{x}} = 3{,}6 + 0{,}58 \cdot 0{,}78 = 4{,}05$
$UEG_{\bar{x}} = 3{,}6 - 0{,}58 \cdot 0{,}78 = 3{,}15$

Diese Eingriffsgrenzen sowie $\bar{\bar{x}}$ und $\bar{R}$ werden in die Qualitätsregelkarte eingetragen (Bild 41).

4.7.2 Schließende Statistik — Kontrollkarten und Prozeßsteuerung

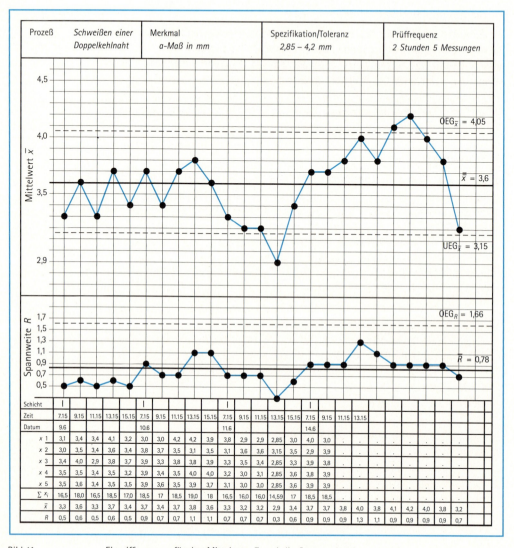

Bild 41   Eingriffsgrenzen für den Mittelwert $\bar{x}$ und die Spannweite R

5) Analyse der Streuung

Analyse der Streuung

Da die Spannweiten auch bei der Berechnung der Eingriffsgrenzen der $\bar{x}$-Karte verwendet werden, analysiert man zuerst die R-Karte. Dabei geht es um zwei grundsätzliche Sachverhalte – außerhalb der Eingriffsgrenzen liegende Werte sowie ungewöhnliche Wertefolgen und -anordnungen:

- Spannweitenwerte außerhalb der Eingriffsgrenzen sind ein Hinweis auf
  - eine Vergrößerung der Einzelwertstreuung ($R > OEG_R$) bzw. Verkleinerung ($R < UEG_R$), und zwar sprunghaft oder als Teil eines Trends;
  - eine Veränderung beim Meßvorgang (z.B. anderer Prüfer, Meßgeräteeichung).

- Ungewöhnliche Meßwertefolgen und -anordnungen sind in der laufenden Prozeßregelung Warnsignale für besonders ungünstige oder günstige Entwicklungstendenzen. Erstere gilt es abzustellen, letztere zu untersuchen, ob sich Ansatzpunkte für Verbesserungsmaßnahmen erkennen lassen. Die Analyse der Meßwertefolgen und -anordnungen erfolgt unter den zwei Aspekten der Spannweitenverteilung im Regelungs-Band ($OEG_R - UEG_R$) und der Spannweitenfolgen:
  - Die Spannweiten im Regelungs-Band sollen so verteilt sein, daß etwa 2/3 der Werte im mittleren Banddrittel und etwa 1/3 der Werte im oberen und unteren Banddrittel liegen.
  - Die Spannweitenfolgen im Regelungs-Band sollen keine Runs (Folgen, Läufe) bilden. Eine Folge liegt vor, wenn
    - mindestens 7 Spannweiten hintereinander auf einer Seite vom Spannweiten-Mittelwert liegen oder
    - über mindestens 7 Spannweiten ein stetiger Anstieg oder Abstieg vorliegt.

Im Beispiel wird deutlich (vgl. Bild 41), daß
- keine Spannweite außerhalb der Eingriffsgrenzen liegt,
- die Spannweitenverteilung dem Kriterium entspricht,
- bei der Spannweitenfolge zwischen der 16. und der 24. Stichprobe 9 Spannweiten hintereinander oberhalb von $\bar{R}$ liegen.

Liegt eine ungewöhnliche Meßwertefolge vor, so ist eine Prozeßanalyse durchzuführen. Sind die Ursachen für die Fehlentwicklungen beseitigt worden, so sind neue Messungen durchzuführen und die statistische Analyse zu wiederholen. Dieser Schritt ist gegebenenfalls mehrfach zu durchlaufen – entsprechend dem Konzept einer ständigen Verbesserung von Qualität und Produktivität.

4.7.2 Schließende Statistik — Kontrollkarten und Prozeßsteuerung

Analyse der Lagemaße

6) Analyse der Lage der Meßwerte

Sind die Spannweiten unter statistischer Kontrolle, wird der Prozeß im Hinblick auf die Streuung der Stichprobe als stabil angesehen. Jetzt werden die Mittelwerte daraufhin analysiert, ob sie auch unter statistischer Kontrolle sind.

Wie bei der Analyse der Spannweiten geht es bei der Analyse der Mittelwerte um zwei Sachverhalte – außerhalb der Eingriffsgrenzen liegende Werte und ungewöhnliche Wertefolgen und -anordnungen:

1) Mittelwerte außerhalb der Eingriffsgrenzen sind ein Hinweis für
   - eine Verschiebung der Prozeßlage, sprunghaft oder als Teil eines Trends;
   - eine Veränderung beim Meßvorgang.

2) Ungewöhnliche Meßwertefolgen und -anordnungen sind wie bei der Spannweitenkarte durch die Mittelwertverteilung im Regelungs-Band $OEG_{\bar{x}} - UEG_{\bar{x}}$ und die Mittelwertefolgen zu erkennen. Dabei werden die bei der Analyse der Spannweiten erläuterten Kriterien angewendet.

Im Beispiel ist festzustellen (vgl. Bild 41), daß
- drei Mittelwerte $\bar{x}_{14}$, $\bar{x}_{21}$ und $\bar{x}_{22}$ außerhalb der Eingriffsgrenzen liegen,
- die Mittelwerteverteilung zu breit ist,
- zwischen der 16. und 24. Stichprobe mit 9 hintereinander oberhalb von $\bar{x}$ liegenden Mittelwerten eine Folge vorliegt.

Prozeßregelung

7) Permanente statistische Prozeßregelung

Die gegebenenfalls nach einer Ursachenanalyse in mehreren Schritten korrigierten Eingriffsgrenzen können zur permanenten Prozeßregelung benutzt werden. Zum schnelleren Erkennen von Prozeßveränderungen kann es zweckmäßig sein, den Stichprobenumfang zu reduzieren und die Entnahmehäufigkeit zu erhöhen. In diesem Fall sind neue Eingriffsgrenzen zu berechnen, da diese vom Stichprobenumfang abhängig sind.

Neben der $\bar{x}/R$-Karte wird in der Praxis auch oft die $\bar{x}/s$-Karte verwendet, d.h. als Streuungsmaß wird nunmehr die Standardabweichung s verwendet. Die Standardabweichung ist gegenüber der Spannweite bei größerem Stichprobenumfang das aussagekräftigere Streuungsmaß, dafür allerdings weniger empfindlich für das Entdecken systematischer Streuungsursachen, wenn sich diese in nur einem Stichprobenwert ausprägen.

Die $\bar{x}/s$-Karte wird im allgemeinen bei einem Stichprobenumfang n > 5 eingesetzt. Die Vorgehensweise entspricht der $\bar{x}/R$-Karte. Die oberen und unteren Eingriffsgrenzen für die Standardabweichung und den Mittelwert berechnet man wie folgt:

a) Eingriffsgrenzen für die Standardabweichung:
$OEG_s = B_2 \cdot \bar{s}$ $\qquad UEG_s = B_1 \cdot \bar{s}$

b) Eingriffsgrenzen für den Mittelwert:
$OEG_{\bar{x}} = \bar{\bar{x}} + A_2 \cdot \bar{s}$ $\qquad UEG_{\bar{x}} = \bar{\bar{x}} - A_2 \cdot \bar{s}$

Die Faktoren B_1, B_2, A_2 sind der Tabelle 6 im Anhang zu entnehmen.

4.7.3 Analyse der Prozeßfähigkeit

Im nächsten Schritt erfolgt die Prozeßfähigkeitsanalyse. Sie wird durchgeführt, um eine Aussage zu erhalten, wie sicher eine Maschine oder ein Prozeß innerhalb von technischen Spezifikationen liegende Ergebnisse liefern kann. Fähigkeitsanalysen beziehen sich auf die Maschine oder den Prozeß. Eine Maschine oder ein Prozeß ist generell fähig, wenn mindestens der Bereich $\pm 3\sigma$ um den Mittelwert einer Prozeßergebnis-Kenngröße (z.B. $\bar{x} \pm 3 \cdot \sigma$) innerhalb der Spezifikation liegt.

Sicherheit von Prozessen

Für kritische Qualitätsmerkmale muß die Prozeßfähigkeit mindestens $\bar{x} \pm 4\sigma$ betragen. Die vier möglichen Prozeßfähigkeits-Situationen sind dem Bild 42 zu entnehmen. Sie sind nach den Kriterien der Zentriertheit und dem Grenzabstand (Differenz zwischen oberer und unterer Spezifikationsgrenze) einzuteilen. Die Prozeßfähigkeit ist dann gegeben, wenn die Verteilung des untersuchten Merkmals möglichst zentriert ist und möglichst viele Merkmalsausprägungen zwischen oberer und unterer Spezifikationsgrenze liegen. Ist die Verteilung nicht zentriert, so wächst die Wahrscheinlichkeit, daß die obere Spezifikationsgrenze überschritten bzw. die untere Spezifikationsgrenze unterschritten wird. Dies ist auch gegeben, wenn die Streuung der Verteilung größer wird.

4.7.3 Schließende Statistik — Analyse der Prozeßfähigkeit

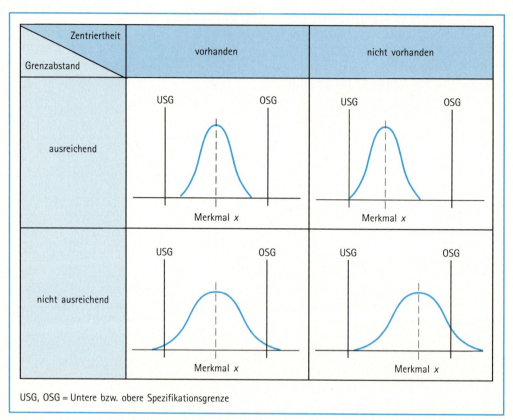

USG, OSG = Untere bzw. obere Spezifikationsgrenze

Bild 42   Prozeßfähigkeits-Situationen

Prüfung auf Normalverteilung

Die Prozeßfähigkeitsanalyse erfordert zunächst eine Prüfung auf Normalverteilung. Dies kann mit dem Kolmorogov-Smirnov-Test oder mit dem χ^2-Anpassungstest erfolgen. Bei großem Stichprobenumfang gilt auch der „Zentrale Grenzwertsatz". Nach erfolgter Prozeßregelung ergaben sich im Beispiel für den gesamten Prozeß (für 25 Zeitpunkte) folgende Stichprobenkenngrößen:

$\bar{x} = 3{,}55$ mm
$s = 0{,}33$ mm

Zur Beurteilung der Prozeßfähigkeit werden zwei Kenngrößen berechnet:

Ausschöpfungsfaktor

1) Der Ausschöpfungsfaktor c_p, der den Anteil der Spezifikationstoleranz an der sechsfachen Prozeßstreuung ($\pm 3\,\sigma$) angibt. Da σ unbekannt ist, wird als Annäherung die Stichproben-Standardabweichung s zu Berechnung verwendet:

Analyse der Prozeßfähigkeit Schließende Statistik 4.7.3

$$c_p = \frac{OSG - USG}{6s}$$

mit OSG = obere Spezifikationsgrenze
USG = untere Spezifikationsgrenze

Der Bereich $\pm 3\sigma$ entspricht einer Aussage-Wahrscheinlichkeit von 99,73%. Es wird im allgemeinen gefordert, daß $c_p \geq 1{,}33$.

Im Beispiel ergibt sich für $OSG = 4{,}2$ und $USG = 2{,}85$:

$$c_p = \frac{4{,}2 - 2{,}85}{6 \cdot 0{,}33} = 0{,}68$$

Das bedeutet: Das vorgegebene Kriterium ist hier nicht erfüllt, da $c_p < 1{,}33$ ist. Die Prozeßfähigkeit liegt unter 99,73%.

2) Der zentrierte Ausschöpfungsfaktor c_{pk}, der den Anteil der Differenz vom Prozeßmittelwert und der näherliegenden Spezifikationsgrenze an der dreifachen Prozeßstreuung angibt:

zentrierter Ausschöpfungsfaktor

$$c_{pk} = \min\left[\frac{\bar{x} - USG}{3s} \; ; \; \frac{OSG - \bar{x}}{3s}\right]$$

Als Kriterium gilt im allgemeinen:

$c_{pk} \geq 1$

Im Beispiel errechnet man:

$$\frac{\bar{x} - USG}{3s} = \frac{3{,}55 - 2{,}85}{3 \cdot 0{,}33} = 0{,}707$$

$$\frac{OSG - \bar{x}}{3s} = \frac{4{,}2 - 3{,}55}{3 \cdot 0{,}33} = 0{,}656$$

Daraus folgt: $c_{pk} = 0{,}656$

Dieses Kriterium wird ebenfalls nicht erfüllt, d.h. die Prozeßfähigkeit entspricht damit nicht der geforderten Güte.

Kapitel 5

Korrelations-, Regressions- und Trendrechnung

5.1	Einführung	110
5.2	Korrelationsrechnung	112
5.2.1	Problemstellung	112
5.2.2	Korrelation von nominal-skalierten Merkmalen – der Pearsonsche Kontingenzkoeffizient	112
5.2.3	Korrelation von ordinal-skalierten Merkmalen – der Spearmansche Rangkorrelationskoeffizient	115
5.2.4	Korrelation von metrisch-skalierten Merkmalen	117
5.3	Regressionsrechnung	125
5.3.1	Einleitung	125
5.3.2	Einfache lineare Regression	125
5.3.3	Mehrfache lineare Regression	131
5.3.4	Nichtlineare Regression	138
5.3.5	Test des Bestimmtheitsmaßes	142
5.3.6	Tests der Regressionskoeffizienten	143
5.3.7	Vertrauensbereiche für die Regressionskoeffizienten und die Regressionsgerade	148
5.3.8	Inhaltliche und methodische Probleme bei der mehrfachen Regressionsanalyse	151
5.4	Fallstudie zur mehrfachen Regression: Planzeitermittlung	153
5.5	Trendrechnung	161

5 Korrelations-, Regressions- und Trendrechnung

5.1 Einführung

Im Rahmen der bisherigen statistischen Untersuchungen wurden eindimensionale Häufigkeitsverteilungen betrachtet, d.h. jeweils ein Merkmal, wurde durch Erhebung einer Zufallsstichprobe analysiert. Die Beschreibung eines Merkmals reicht aber bei der Untersuchung von Ursache-Wirkungszusammenhängen nicht aus, denn dazu sind mindestens **zwei** Merkmale erforderlich.

Beispiel

Beispiel: In einem Industrieunternehmen soll eine Strategie entwickelt werden, die zu einer Umsatzsteigerung in den kommenden Jahren führt. Es soll z.B. geprüft werden, wie stark der Zusammenhang zwischen Umsatz und Werbeausgaben ist und in welchem Maße eine Steigerung der Werbeausgaben zur Erreichung dieses Ziels beiträgt.

Soll diese Problemstellung analysiert werden, so sind drei Aspekte zu betrachten:

1) Es wird die **Stärke** des Zusammenhangs zwischen dem Umsatz und den Werbeausgaben in einem bestimmten Zeitraum analysiert. Das heißt, es wird die Frage gestellt, ob der Umsatz und die Werbeausgaben einen starken oder schwachen wechselseitigen Einfluß haben. Wird ein starker Zusammenhang festgestellt, so können daraus wichtige unternehmensstrategische Maßnahmen abgeleitet werden.

Korrelationsrechnung

Die Analyse der Stärke des Zusammenhangs ist Inhalt der Korrelationsrechnung.

| Einführung | **Korrelations-, Regressions- und Trendrechnung** | 5.1 |

2) Es wird die **Art** des Zusammenhangs zwischen dem Umsatz und den Werbeausgaben analysiert. Dies bedeutet, daß nach der geeigneten mathematischen Funktionsform für den Zusammenhang zwischen dem Umsatz und der Entwicklung der Werbeausgaben gesucht werden muß. Voraussetzung ist allerdings, daß die Wirkungsrichtung (Kausalität) inhaltlich sinnvoll festgelegt wird. Es ist also zu entscheiden, welche Größe als abhängiges Merkmal oder Zielgröße y beziehungsweise welche Größe als unabhängiges Merkmal oder Einflußgröße x anzusehen ist. Im Beispiel ist unter sachlichem Aspekt die Beziehung: Umsatz y ist abhängig von den Werbeausgaben x, sinnvoll.

Die Analyse der Art des Zusammenhangs ist Inhalt der Regressionsrechnung.

Regressionsrechnung

3) Es soll die Entwicklung des Umsatzes in der Zeit betrachtet werden. Dazu ist eine Analyse des Umsatzes in der Vergangenheit und eine Prognose notwendig.

Inhalt der Trendrechnung ist die Analyse der Entwicklung eines Merkmals in der Zeit.

Trendrechnung

5.2 Korrelationsrechnung

5.2.1 Problemstellung

Unsinns- und Scheinkorrelationen

Bei der Berechnung von Korrelationen zwischen verschiedenen Merkmalen sollte darauf geachtet werden, daß die Merkmale in einem sachlogischen Zusammenhang stehen, da sonst inhaltliche „Unsinns-Korrelationen" bestimmt werden, so beispielsweise die Beziehung zwischen der Anzahl der Störche und der Anzahl der Kindergeburten in einer bestimmten Region. Auch werden oft „Scheinkorrelationen" berechnet, die dadurch entstehen, daß zwei sachlogisch schwach oder gar nicht korrelierte Merkmale mit einem dritten, nicht betrachteten Merkmal hoch korreliert sind. So sind Zeitreihen oft durch einen steigenden oder fallenden Trend gekennzeichnet. Korreliert man zwei ansteigende Zeitreihen, z. B. Energieproduktion, Preisindex und Zahl der Verkehrsunfälle oder zwei fallende Reihen, z. B. die Säuglingssterblichkeit und den Anteil der Erwerbstätigen in der Landwirtschaft, so errechnet man im allgemeinen hohe Korrelationen. Dies führt zu Fehlinterpretationen, wenn man unberücksichtigt läßt, daß die Ursache für die hohe Korrelation ein drittes Merkmal, der Trend, ist. Eine Überprüfung möglicher Scheinkorrelationen ist vor Beginn der Korrelationsrechnung durchzuführen.

Entsprechend der unterschiedlichen Skalenarten der Merkmale werden auch unterschiedliche Korrelationsmaße verwendet.

Korrelationsmaße

> **Für nominal-skalierte Merkmale werden Assoziationsmaße, für ordinal-skalierte Merkmale Rangkorrelationskoeffizienten und für metrisch-skalierte Merkmale Bestimmtheitsmaße bzw. Korrelationskoeffizienten verwendet.**

5.2.2 Korrelation von nominal-skalierten Merkmalen – der Pearsonsche Kontingenzkoeffizient

Kontingenztafel

Grundlage für die Berechnung des Kontingenzkoeffizienten ist eine Kontingenztafel.

Beispiel: In einem Karosseriebetrieb werden zwei verschiedene Verfahren zur Rostschutzbehandlung von Metallteilen angewandt. Es soll der Zusammenhang zwischen der gewählten Rostschutzbehandlung und der Rostanfälligkeit des betreffenden Karosserieteils untersucht werden. Es wurden insgesamt 480 Teile ausgewählt und die Ergebnisse in folgender Kontingenztafel eingetragen (Bild 43).

Pearsonsche Kontingenzkoeffzient — Korrelationsrechnung 5.2.2

Rostanfälligkeit \\ Rostschutzverfahren	gering	mittel	stark	Zeilensumme
A	65	103	106	274
B	74	85	47	206
Spaltensumme	139	188	153	480

Vergleich zweier Rostschutzverfahren   Bild 43

Die absoluten Häufigkeiten werden mit n_{ij} bezeichnet, wobei $i = 1,2$ (Zeile) und $j = 1,2,3$ (Spalte). Die Randhäufigkeiten, d.h. die Summen aus den Zeilen bzw. Spalten, werden mit $n_{i.}$ bzw. $n_{.j}$ bezeichnet.

Beispiel:

$n_{11} = 65$ $n_{1.} = 274$
$n_{12} = 103$ $n_{2.} = 206$
$n_{13} = 106$ $n_{.1} = 139$
$n_{21} = 74$ $n_{.2} = 188$
$n_{22} = 85$ $n_{.3} = 153$
$n_{23} = 47$ $n = 480$

Der Zusammenhang wird mit Hilfe des Kontingenzkoeffizienten K berechnet. Es gilt folgende Formel:

Kontingenzkoeffizient

$$K = \sqrt{\frac{\chi^2}{\chi^2 + n}}$$

mit

$$\chi^2 = \sum_{i=1}^{r} \sum_{j=1}^{s} \frac{\left(n_{ij} - \frac{n_{i.} \, n_{.j}}{n}\right)^2}{\frac{n_{i.} \, n_{.j}}{n}}$$

mit r : Zeilenzahl
     s : Spaltenzahl

5.2.2 Korrelationsrechnung — Pearsonsche Kontingenzkoeffzient

Da der maximale Wert von K nicht 1 ist, wird der korrigierte Pearsonsche Kontingenzkoeffizient K^* verwendet:

$$K^* = \sqrt{\frac{\min(r,s)}{\min(r,s)-1}} \cdot \sqrt{\frac{\chi^2}{\chi^2 + n}}$$

K^* liegt zwischen 0 und 1, wobei 0 kein Zusammenhang und 1 den stärksten Zusammenhang bedeutet.

Im Beispiel ergibt sich:

$$\chi^2 = \frac{\left(65 - \frac{274 \cdot 139}{480}\right)^2}{\frac{274 \cdot 139}{480}} + \frac{\left(103 - \frac{274 \cdot 188}{480}\right)^2}{\frac{274 \cdot 188}{480}} + \frac{\left(106 - \frac{274 \cdot 153}{480}\right)^2}{\frac{274 \cdot 153}{480}} +$$

$$\frac{\left(74 - \frac{206 \cdot 139}{480}\right)^2}{\frac{206 \cdot 139}{480}} + \frac{\left(85 - \frac{206 \cdot 188}{480}\right)^2}{\frac{206 \cdot 188}{480}} + \ldots = 15{,}74$$

Für K erhält man:

$$K = \sqrt{\frac{15{,}74}{15{,}74 + 480}} = 0{,}178$$

Für den korrigierten Kontingenzkoeffizienten ergibt sich:

$$K^* = \sqrt{\frac{2}{2-1}} \cdot 0{,}178 = 0{,}252$$

Das bedeutet: Der Zusammenhang zwischen Rostschutzverfahren und Rostanfälligkeit ist relativ schwach.

5.2.3 Korrelation von ordinal-skalierten Merkmalen – der Spearmansche Rangkorrelationskoeffizient

Grundlage sind ordinal-skalierte Merkmale, d.h. Merkmale, deren Ausprägungen in einer Rangfolge angeordnet werden können, z.B. Bewertungen.

Beispiel: Es werden 10 PKWs im Hinblick auf ein Merkmal x und ein Merkmal y überprüft. Die Frage lautet: Welcher Zusammenhang ist zwischen x und y festzustellen? Der Test ergab folgende Rangzahlen $R(x_i)$ und $R(y_i)$ (vgl. Bild 44).

PKW_i	A	B	C	D	E	F	G	H	I	J
$R(x_i)$	7	3	9	10	1	5	4	6	2	8
$R(y_i)$	3	9	10	8	7	1	5	4	2	6

Vergleich der Bewertung von zwei Merkmalen — Bild 44

Als Korrelationsmaß für ordinal-skalierte Merkmale kann man den Rangkorrelationskoeffizienten von Spearman r_s verwenden:

$$r_s = 1 - \frac{6 \sum_{i=1}^{n} \left[R(x_i) - R(y_i)\right]^2}{n(n^2 - 1)}$$

r_s ist zwischen -1 und +1 definiert, wobei $r_s = +1$ den stärksten positiven Zusammenhang, $r_s = 0$ keinen Zusammenhang und $r_s = 1$ den stärksten negativen Zusammenhang bedeuten.

Im Beispiel errechnet sich:

$$\sum_{i=1}^{10} \left[R(x_i) - R(y_i)\right]^2 = (7-3)^2 + (3-9)^2 + (9-10)^2 + (10-8)^2 + (1-7)^2 + (5-1)^2 + (4-5)^2 + (6-4)^2 + (2-2)^2 + (8-6)^2 = 118$$

5.2.3 Korrelationsrechnung — Spearmansche Rangkorrelationskoeffizient

Daraus ergibt sich der Rangkorrelationskoeffizient:

$$r_s = 1 - \frac{6 \cdot 118}{10 \cdot (10^2 - 1)} = 0{,}28$$

Das bedeutet: Es besteht in dieser Analyse ein positiver, jedoch relativ schwacher Zusammenhang zwischen den beiden Merkmalen.

Sind zwei oder mehrere Bewertungen gleich, so wird das arithmetische Mittel als Rangzahl verwendet.

Beispiele

Beispiele: Wenn zwischen PKW F und G im Hinblick auf das Merkmal x kein Unterschied festzustellen wäre, so erhält sowohl F als auch G die Rangzahl 4,5, wobei 4 und 5 dann nicht vergeben werden. Wenn zwischen F, G und H im Hinblick auf das Merkmal x kein Unterschied bestehen würde, so erhalten F, G und H die Rangzahl 5 als arithmetisches Mittel von 4, 5 und 6.

Für mindestens 10 Wertepaare ($n \geq 10$) kann die Hypothese geprüft werden, ob der Rangkorrelationskoeffizient wesentlich von Null verschieden ist:

Nullhypothese

$H_0 : |\rho_s| = 0$

Alternativhypothese

$H_1 : |\rho_s| > 0$

Die Testgröße lautet:

$$t_{BEOB} = |r_s| \sqrt{\frac{n-2}{1-r_s^2}}$$

Im Beispiel ergibt sich:

$$t_{BEOB} = 0{,}28 \cdot \sqrt{\frac{10-2}{1-0{,}28}}$$

$$= 0{,}933$$

Aus der t-Tabelle (Tabelle 2 im Anhang) ist für eine Aussagewahrscheinlichkeit von $(1 - \alpha) = 95\%$ und bei $FG = n - 2$ abzulesen:

$t = 1{,}86$

Da $t_{BEOB} < t$ kann geschlossen werden, daß der Rangkorrelationskoeffizient mit einer Aussagewahrscheinlichkeit von 95% nicht wesentlich von Null verschieden ist.

5.2.4 Korrelation von metrisch-skalierten Merkmalen

Soll der Zusammenhang zwischen zwei metrisch-skalierten Merkmalen berechnet werden, so ist bei linearer Beziehung der **Bravais-Pearson-Korrelationskoeffizient** zu berechnen.

In einem Industrieunternehmen sollen die Bestimmungsgründe des Energieverbrauchs analysiert werden. Für ein bestimmtes Jahr liegen Daten für den Energieverbrauch (in MWh) und die Produktionsmenge (in Stück) vor (vgl. Bild 45).

Monat	lfd. Nr.	Energieverbrauch in MWh	Produktionsmenge in Stück
	i	y_i	x_i
Januar	1	24 827	32 620
Februar	2	23 063	29 890
März	3	21 386	25 690
April	4	22 155	27 254
Mai	5	22 967	29 855
Juni	6	23 120	31 274
Juli	7	23 055	31 965
August	8	13 600	12 385
September	9	13 497	13 081
Oktober	10	22 400	28 213
November	11	12 287	10 054
Dezember	12	14 397	14 382

Daten für die Analyse des Energieverbrauchs in Abhängigkeit von der Produktionsmenge   Bild 45

Betrachtet man den Energieverbrauch während des Jahres, so zeigt sich, daß der Verbrauch durch Schwankungen gekennzeichnet ist. Die beobachteten Schwankungen sind sicher nicht nur zufälliger Natur, sondern können durch die Änderungen anderer Größen erklärt werden. So wird der Energieverbrauch eines Betriebes von der Höhe der Produktion bestimmt. Es liegt also nahe, anzunehmen, daß mit der Anzahl der monatlich hergestellten Produkte auch der Energieverbrauch zunehmen wird, also ein positiver Zusammenhang zwischen Energieverbrauch und Produktionsmenge vorliegt.

5.2.4 Korrelationsrechnung — metrisch-skalierte Merkmale

Zur Berechnung der Stärke dieses Zusammenhangs wird der Korrelationskoeffizient nach Bravais und Pearson r verwendet. Er ist wie folgt definiert:

Bravais-Pearsonscher Korrelationskoeffizient

$$r = \frac{\sum_{i=1}^{n}(x_i - \bar{x})(y_i - \bar{y})}{\sqrt{\sum_{i=1}^{n}(x_i - \bar{x})^2 \sum_{i=1}^{n}(y_i - \bar{y})^2}}$$

mit n: Anzahl der Wertepaare

r kann nur Werte zwischen -1 und +1 annehmen.
Dabei bedeuten:
r: +1 maximaler positiver Zusammenhang
r: 0 kein Zusammenhang
r: -1 maximaler negativer Zusammenhang

Streudiagramm

Bevor die Stärke des Zusammenhangs zwischen Energieverbrauch und Produktionsmenge berechnet wird, ist es zweckmäßig, das sog. „Streudiagramm" zu zeichnen und zu analysieren. Wie aus dem Bild 45 deutlich wird, liegt für jeden Monat des Jahres eine Beobachtung für das Merkmal „Energieverbrauch" (MWh) und eine Beobachtung für das Merkmal „Produktionsmenge" (in Stück) vor. Bezeichnet man das Merkmal „Energieverbrauch" mit y_i und das Merkmal „Produktionsmenge" mit x_i, so kann man für jeden Monat ein Datenpaar $(y_i; x_i)$ bilden. So bezeichnet beispielsweise $(y_3; x_3)$ den Energieverbrauch und die Produktionsmenge des Monats März. Liest man dieses Wertepaar aus Bild 45 ab, so erhält man (21 386; 25 690), d. h. bei der Produktion von 25 690 wird ein Energieverbrauch von 21 386 MWh festgestellt. Alle 12 Beobachtungspaare des Jahres lassen sich in ein rechtwinkliges Koordinationssystem eintragen. Dazu wird das Merkmal y_i (hier: Energieverbrauch) auf der senkrechten Achse (Ordinate) und das Merkmal x_i (hier: Produktionsmenge) auf der waagrechten Achse (Abszisse) abgetragen. Außerdem kann man die arithmetischen Mittelwerte für beide Merkmale berechnen und in das Koordinatensystem eintragen. Dadurch wird das Koordinatensystem in vier Felder unterteilt, die mit I bis IV bezeichnet werden.

Hat man die Beobachtungspaare (y_i, x_i) in ein Streudiagramm eingetragen, könnte einer der drei folgenden Fälle gegeben sein (vgl. Bild 46):

metrisch-skalierte Merkmale   **Korrelationsrechnung**   **5.2.4**

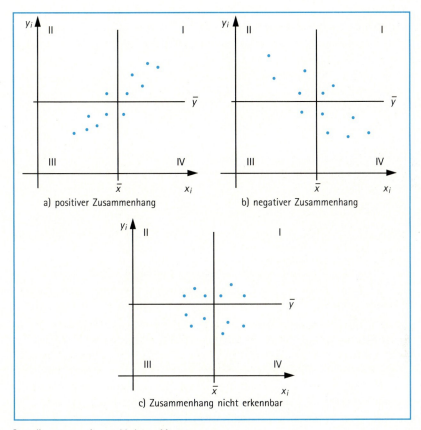

Streudiagramme mit verschiedenen Mustern   Bild 46

Fall a:
Die Wertepaare liegen bis auf wenige Ausnahmen in den Feldern I und III, d.h.   positiver Zusammenhang
- zu einem überdurchschnittlichen x_i (x_i ist größer als $\bar{x}$) gehört ein überdurchschnittliches y_i (y_i ist größer als $\bar{y}$), und
- zu einem unterdurchschnittlichen x_i (x_i ist kleiner als $\bar{x}$) gehört ein unterdurchschnittliches y_i (y_i ist kleiner als $\bar{y}$).

In diesem Fall liegt ein positiver Zusammenhang zwischen den Merkmalen y_i und x_i vor, da mit wachsendem x_i auch y_i größer wird.

5.2.4 Korrelationsrechnung — metrisch-skalierte Merkmale

negativer Zusammenhang

Fall b:
Die Mehrzahl der Wertepaare liegt in den Feldern II und IV, d.h.
- zu einem überdurchschnittlichen x_i (x_i ist größer als $\bar{x}$) gehört ein unterdurchschnittliches y_i (y_i ist kleiner als $\bar{y}$) und
- zu einem unterdurchschnittlichen x_i (x_i ist kleiner als $\bar{x}$) gehört ein überdurchschnittliches y_i (y_i ist größer als $\bar{y}$).

In diesem Fall ist ein negativer Zusammenhang zwischen den Merkmalen y_i und x_i gegeben, da mit wachsendem x_i das Merkmal y_i kleiner wird.

kein Zusammenhang

Fall c:
Die Wertepaare sind mehr oder weniger gleichmäßig auf alle vier Felder verteilt. In diesem Fall ist kein Zusammenhang zwischen den beiden Variablen erkennbar.

Analyse des Zusammenhanges

Zur Analyse des Zusammenhangs zwischen zwei Merkmalen mit Hilfe eines Streudiagramms sind also folgende Schritte zu beachten:

1) Berechnung des arithmetischen Mittels für beide Merkmale.
2) Eintragen der Wertepaare und der arithmetischen Mittelwerte in ein Koordinatensystem.
3) Entscheidung anhand des „Streumusters", welcher der Fälle aus Bild 46 gegeben ist (positiver oder negativer Zusammenhang).

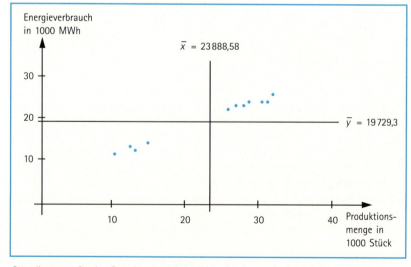

Bild 47 — Streudiagramm für den Energieverbrauch in Abhängigkeit von der Produktionsmenge

metrisch-skalierte Merkmale **Korrelationsrechnung** 5.2.4

Bild 47 zeigt das Streudiagramm für den Zusammenhang zwischen Energieverbrauch und Produktionsmenge. Die Wertepaare im unteren Quadranten sind dadurch begründet, daß in die entsprechenden Monate (August, September, November, Dezember) der Betriebsurlaub bzw. Kurzarbeit fällt.

Nun kann der Korrelationskoeffizient *r* berechnet werden:

Korrelationskoeffizient

$$r = \frac{\sum_{i=1}^{n}(x_i - \bar{x})(y_i - \bar{y})}{\sqrt{\sum_{i=1}^{n}(x_i - \bar{x})^2 \sum_{i=1}^{n}(y_i - \bar{y})^2}}$$

In anderer Form lautet *r* dann:

$$r = \frac{\sum_{i=1}^{n} x_i y_i - n\bar{x}\bar{y}}{\sqrt{\left(\sum_{i=1}^{n} x_i^2 - n\bar{x}^2\right)\left(\sum_{i=1}^{n} y_i^2 - n\bar{y}^2\right)}}$$

$$r = \frac{6\,105\,668\,869 - 12 \cdot 23\,888{,}6 \cdot 19\,729{,}5}{\sqrt{(7\,679\,777\,427 - 12 \cdot 23\,888{,}6^2) \cdot (4\,917\,170\,420 - 12 \cdot 19\,729{,}5^2)}}$$

$r = 0{,}994$

Das bedeutet: Zwischen dem Energieverbrauch und der Produktionsmenge besteht ein hoher positiver Zusammenhang. Im allgemeinen ist damit zu rechnen, daß eine Korrelation zwischen zwei Merkmalen noch von anderen Merkmalen $x_{2i}, x_{3i}, \ldots$, mitbestimmt wird. In diesem Fall kann einerseits der **partielle** Korrelationskoeffizient, andererseits der **multiple** Korrelationskoeffizient berechnet werden. Liegen lineare Zusammenhänge vor, so gibt der partielle Korrelationskoeffizient den Grad der Abhängigkeit zwischen zwei Merkmalen an, wobei die übrigen Merkmale konstant gehalten werden.

5.2.4 Korrelationsrechnung — metrisch-skalierte Merkmale

Bei drei Merkmalen y_i, x_{1i} und x_{2i} ist folgende Formel für den Zusammenhang zwischen y_i und x_{1i} bei Konstanz von x_2 anzuwenden:

$$r_{yx_1 \cdot x_2} = \frac{r_{yx_1} - r_{x_1 x_1} \cdot r_{yx_2}}{\sqrt{(1 - r_{x_1 x_2}^2) \cdot (1 - r_{yx_2}^2)}}$$

r_{yx_1}, $r_{x_1 x_2}$, und r_{yx_2} sind die zwischen den Merkmalen berechneten einfachen Korrelationskoeffizienten.

Für die einfachen Korrelationskoeffizienten gelten folgende Beziehungen:

$$r_{xy_1} = \frac{\sum_{i=1}^{n}(x_{1i} - \bar{x})(y_i - \bar{y})}{\sqrt{\sum_{i=1}^{n}(x_{1i} - \bar{x})^2 \sum_{i=1}^{n}(y_i - \bar{y})^2}}$$

$$r_{x_1 x_2} = \frac{\sum_{i=1}^{n}(x_{1i} - \bar{x})(x_{2i} - \bar{x}_2)}{\sqrt{\sum_{i=1}^{n}(x_{1i} - \bar{x}_1)^2 \sum_{i=1}^{n}(x_{2i} - \bar{x}_2)^2}}$$

$$r_{yx_2} = \frac{\sum_{i=1}^{n}(x_{2i} - \bar{x}_2)(y_i - \bar{y})}{\sqrt{\sum_{i=1}^{n}(x_{2i} - \bar{x}_2)^2 \sum_{i=1}^{n}(y_i - \bar{y})^2}}$$

partieller Korrelationskoeffizient

Der partielle Korrelationskoeffizient erklärt die Beziehung zwischen einem abhängigen und einem unabhängigen Merkmal unter Ausschluß des Einflusses weiterer Einflußgrößen.

Die Berechnung der partiellen Korrelation ist beispielsweise von besonderen Interesse, wenn eine Korrelation zwischen y und x_1 nur deshalb gefunden wird, weil beide Merkmale mit einem dritten Merkmal hoch x_2 korreliert sind (z.B. Scheinkorrelation). In diesem Fall ist die Korrelation (partielle Korrelation) zu bestimmen, die ohne Einfluß von x_2 vorhanden ist.

| metrisch-skalierte Merkmale | | | Korrelationsrechnung | | 5.2.4 |

Im Beispiel (Bild 45) wird als weiteres Merkmal die durchschnittliche Außentemperatur (x_2) berücksichtigt (siehe Bild 48).

Monat	lfd.Nr.	Energie-verbrauch in MWh	Produktions-menge in Stück	durchschnittliche Außentemperatur in Grad Celsius
	i	y_i	x_{1i}	x_{2i}
Januar	1	24 827	32 620	1,4
Februar	2	23 063	29 890	3,9
März	3	21 386	25 690	7,0
April	4	22 155	27 254	9,6
Mai	5	22 967	29 855	14,8
Juni	6	23 120	31 274	18,9
Juli	7	23 055	31 965	21,4
August	8	13 600	12 385	19,8
September	9	13 497	13 081	17,5
Oktober	10	22 400	28 213	11,9
November	11	12 287	10 054	7,3
Dezember	12	14 397	14 382	3,2

Daten für die Analyse des Energieverbrauchs in Abhängigkeit von der Produktionsmenge und der durchschnittlichen Außentemperatur   Bild 48

Mit den Korrelationskoeffizienten

$r_{yx_1} = 0{,}994$

$r_{x_1x_2} = -0{,}023$

$r_{yx_2} = -0{,}088$

ergibt sich der partielle Korrelationskoeffizient

$$r_{yx_1 \cdot x_2} = \frac{r_{yx_1} - r_{x_1x_2} \cdot r_{yx_2}}{\sqrt{(1 - r_{x_1x_2}^2) \cdot (1 - r_{yx_2}^2)}}$$

$$= \frac{0{,}994 - (-0{,}023 \cdot -0{,}088)}{\sqrt{(1 - 0{,}000\,529)(1 - 0{,}007\,744)}}$$

$$= 0{,}996$$

5.2.4 Korrelationsrechnung — metrisch-skalierte Merkmale

Die Korrelation zwischen dem Energieverbrauch und den beiden Merkmalen Produktionsmenge und Außentemperatur beträgt 0,996.

multipler Korrelationskoeffizient

Der multiple Korrelationskoeffizient ist ein Maß für die Abhängigkeit zwischen dem Merkmal y und dem gemeinsamen Einfluß von p Merkmalen $x_1, x_2, ..., x_k$. Für $k = 2$ ergibt sich:

$$r_{y \cdot (x_1 x_2)} = \sqrt{\frac{r_{yx_1}^2 + r_{yx_2}^2 - 2 r_{yx_1} r_{yx_2} r_{x_1 x_2}}{1 - r_{x_1 x_2}^2}}$$

Im Beispiel errechnet sich:

$$r_{y \cdot (x_1 x_2)} = \sqrt{\frac{0{,}988 + 0{,}007\,744 - 2 \cdot 0{,}994 \cdot -0{,}023 \cdot -0{,}088}{1 - 0{,}000\,529}}$$

$$= 0{,}996$$

Die Korrelation zwischen dem Energieverbrauch und den beiden Merkmalen Produktionsmenge und Außentemperatur beträgt 0,996.

Der partielle und multiple Korrelationskoeffizient unterscheiden sich in diesem Beispiel nicht, da die Korrelation zwischen dem Energieverbrauch und der Außentemperatur sehr klein ist.

In dem vorliegenden Beispiel wird ein weitgehend technisch bestimmter Zusammenhang berechnet, der zu sehr hohen Korrelationskoeffizienten führt. Sind Ursache – Wirkungsbeziehungen, wie beispielsweise Zeitbedarf für einen Arbeitsablauf durch technische und menschliche Einflußgrößen bestimmt, so sind niedrigere Korrelationskoeffizienten zu erwarten. Eine Aussage über einen „ausreichenden" Korrelationskoeffizienten ist je nach Problemstellung unterschiedlich.

5.3 Regressionsrechnung

5.3.1 Einleitung

Während sich die Korrelationsrechnung mit der Berechnung der Stärke von Beziehungen zwischen Merkmalen befaßt, wird in der Regressionsrechnung nach der Art des Zusammenhangs, nach der mathematischen Funktionsform gesucht. Dazu ist zunächst die Kausalitätsrichtung festzulegen und das abhängige Merkmal, Zielgröße y und die unabhängigen Merkmale $x_1, x_2, \ldots, x_k$ (Einflußgrößen) zu wählen. Je nach Anzahl der Einflußgrößen und der Art der funktionalen Beziehung lassen sich vier Teilgebiete der Regressionsrechnung unterscheiden (vgl. Bild 49).

Art des Zusammenhangs

Art der funktionalen Beziehung	Anzahl der Einflußgrößen	
	eine	mehrere
linear	einfache lineare Regression	mehrfache lineare Regression
nichtlinear	einfache nichtlineare Regression	mehrfache nichtlineare Regression

Teilgebiete der Regressionsrechnung — Bild 49

5.3.2 Einfache lineare Regression

Für die Analyse sollen wiederum die Daten aus Bild 45 verwendet werden. Der Energieverbrauch ist das abhängige Merkmal y_i (Zielgröße) und die Produktionsmenge das unabhängige Merkmal x_i (Einflußgröße). Aus dem Streudiagramm (siehe Bild 47) wird deutlich, daß der Zusammenhang zwischen dem Energieverbrauch und der Produktionsmenge durch eine **lineare** Funktion beschrieben werden kann (siehe auch Bild 50).

lineare Funktion

5.3.2 Regressionsrechnung — einfache lineare Regression

Mit Hilfe des Modells der einfachen linearen Regression wird die lineare Beziehung zwischen einer Einflußgröße x_i und der Zielgröße y_i berechnet.

$$\hat{y}_i = a + b\, x_i$$

mit
- $\hat{y}_i$: Funktionswert der Zielgröße
- x_i : Einflußgröße
- a, b : Regressionskoeffizienten

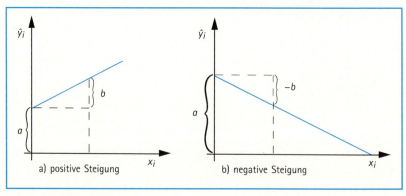

Bild 50 — Verlauf der Funktion $\hat{y}_i = a + bx_i$

Die Regressionskoeffizienten a und b werden so berechnet, daß die Summe der quadratischen Abweichungen e_i^2 der gemessenen Werte y_i von den Werten $\hat{y}_i$ auf der Geraden so klein wie möglich sind:

$$\sum_{i=1}^{n} e_i^2 = \sum_{i=1}^{n} (y_i - \hat{y}_i)^2 \longrightarrow \min$$

Methode der kleinsten Quadrate

Das bedeutet: Die Anpassung der Geraden an die Messwerte soll möglichst gut sein. Diese Berechnungsmethode wird auch **Methode der kleinsten Quadrate** genannt (siehe auch Bild 51).

einfache lineare Regression · **Regressionsrechnung** · **5.3.2**

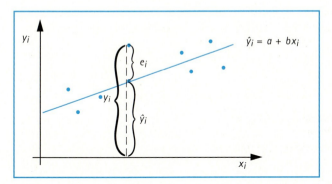

Streudiagramm und Regressionsgerade · Bild 51

Die Minimierung von

$$\sum_{i=1}^{n}(y_i - \hat{y}_i)^2 = \sum_{i=1}^{n}(y_i - a - bx_i)^2$$

ist eine Aufgabe der Differentialrechnung. Sie führt zu folgendem Gleichungssystem („Normalgleichungen"):

$$\sum_{i=1}^{n} y_i - n\,a - b\sum_{i=1}^{n} x_i = 0$$

$$\sum_{i=1}^{n} y_i x_i - a\sum_{i=1}^{n} x_i - b\sum_{i=1}^{n} x_i^2 = 0$$

Aus diesem Gleichungssystem sind die Formeln für a und b zu berechnen:

$$b = \frac{\sum_{i=1}^{n} y_i x_i - \frac{1}{n}\sum_{i=1}^{n} y_i \sum_{i=1}^{n} x_i}{\sum_{i=1}^{n} x_i^2 - \frac{1}{n}\left[\sum_{i=1}^{n} x_i\right]^2}$$

$$a = \frac{1}{n}\left[\sum_{i=1}^{n} y_i - b\sum_{i=1}^{n} x_i\right]$$

5.3.2 Regressionsrechnung — einfache lineare Regression

Beispiel: Für den Zusammenhang zwischen Energieverbrauch und Produktionsmenge werden folgende Regressionskoeffizienten errechnet (siehe Bild 52):

$a = 6807{,}4$
$b = 0{,}54$

Lfd. Nr.	Produktionsmenge in Stück	Energieverbrauch in MWh	Produkte von Energieverbrauch und Produktionsmenge	Quadrate der Produktionsmenge	Quadrate des Energieverbrauchs
i	x_i	y_i	$x_i y_i$	x_i^2	y_i^2
1	32620	24827	809857740	1064064400	616379929
2	29890	23063	.	.	.
3	25690	21386	.	.	.
4	27254	22155	.	.	.
5	29855	22967	.	.	.
6	31274	23120	.	.	.
7	31965	23055	.	.	.
8	12385	13385	.	.	.
9	13081	13497	.	.	.
10	28213	22400	.	.	.
11	10054	12287	.	.	.
12	14382	14397	.	.	.
$\sum_{i=1}^{n}$	286663	236754	6105668869	7679777437	4917170420

$$b = \frac{\sum y_i x_i - \frac{1}{n} \sum y_i \sum x_i}{\sum x_i^2 - \frac{1}{n} \left(\sum x_i \right)^2}$$

$$b = \frac{6105668869 - \frac{1}{12} \cdot 236754 \cdot 286663}{7679777437 - \frac{1}{12} \cdot 286663 \cdot 286663} = 0{,}54093$$

$$a = \frac{1}{n} \left(\sum y_i - b \sum x_i \right)$$

$$a = \frac{1}{12} \cdot 236754 - 0{,}54093 \cdot 286663 = 6807{,}3562$$

Bild 52 Arbeitstabelle zur Berechnung der Regressionskoeffizienten (Methode der kleinsten Quadrate)

| einfache lineare Regression | **Regressionsrechnung** | **5.3.2** |

Den Achsenabschnitt *a* kann man als „produktionsunabhängigen Energiebedarf" interpretieren, der in dem entsprechenden Jahr 6807,4 MWh betrug. Die Steigung *b* gibt an, um wieviel der Energieverbrauch zunimmt, wenn die Produktion um eine Einheit erhöht wird, d.h. die Produktionsausweitung um eine zusätzliche Einheit führt zu einem zusätzlichen Energiebedarf von 0,54 MWh.

Die berechnete Regressionsfunktion lautet dann:

$$\hat{y}_i = 6807{,}4 + 0{,}54 \cdot x_i$$

Regressionsfunktion

Sie gilt für den Bereich $10054 \leq x_i \leq 32620$ (Wertebereich), d.h. innerhalb der ermittelten Werte. Sollen Berechnungen außerhalb dieses Bereichs erfolgen, so sind Annahmen über den unbekannten Verlauf der Funktion erforderlich, z.B. die Annahme der Konstanz der linearen Funktion.

Will man überprüfen, wie gut die gewählte Regressionsfunktion die Beobachtungswerte y_i des abhängigen Merkmals erfaßt, so bildet man die Abweichungen (Residuen) $e_i = y_i - \hat{y}_i$ und stellt sie graphisch dar (Bild 53).

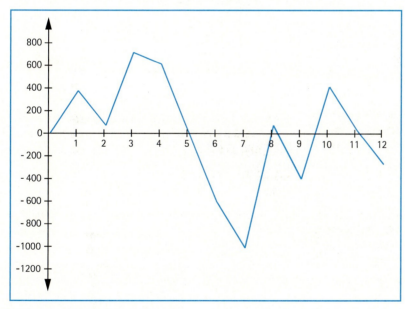

Residuen der einfachen linearen Regression   Bild 53

5.3.2 Regressionsrechnung — einfache lineare Regression

Je kleiner die Abweichung zwischem dem tatsächlichen Energieverbrauch y_i und dem geschätzten Energieverbrauch $\hat{y}_i$, desto besser ist die Anpassung der Regressionsfunktion an die tatsächliche Entwicklung des abhängigen Merkmals und desto besser kann die Regressionsfunktion den Energieverbrauch „erklären". Darüber hinaus dient diese Residuen-Analyse dazu, beurteilen zu können, ob die Abweichung zufällig oder systematisch sind. Wäre beispielsweise in der Verteilung der Residuen ein positiver oder negativer Trend zu beobachten, ist zu schließen, daß im Regressionsansatz eine bedeutsame Einflußgröße nicht berücksichtigt wurde. Im Beispiel (Bild 53) ergibt sich, daß dies nicht der Fall und somit die Abweichungen zufällig um Null schwanken. Das Regressionsmodell ist somit richtig gewählt.

Anpassungsgüte

Soll die Anpassungsgüte der Geraden mit Hilfe einer geeigneten Kenngröße beurteilt werden, so ist der **Korrelationskoeffizient** oder das **Bestimmtheitsmaß** zu berechnen. Das **Bestimmtheitsmaß** gibt an, welcher Anteil der Varianz des abhängigen Merkmals (s_y^2) durch die Regressionsfunktion erklärt wird. Der **allgemeine** Ansatz lautet:

$$B = \frac{\frac{1}{n-1} \sum_{i=1}^{n} (\hat{y}_i - \bar{y})^2}{\frac{1}{n-1} \sum_{i=1}^{n} (y_i - \bar{y})^2}$$

Im Zähler steht die durch die Regressionsfunktion erklärte Varianz des Merkmals y, während der Nenner die Varianz (d.h. erklärte und unerklärte Varianz) des Merkmals y enthält.

Für lineare Modelle gilt folgende Beziehung:

$B = r^2$

Im Beispiel ist $B = 98,8\%$, d.h. 98,8% der Varianz des abhängigen Merkmals (hier: Energieverbrauch) wird durch die lineare Regressionsfunktion erklärt. Die Reststreuung in Höhe von 1,2% bleibt unerklärt.

Das Bestimmtheitsmaß, d.h. die Anpassungsgüte des Modells ist im Beispiel außerordentlich hoch. Dies ist dadurch begründet, daß es sich hier um einen technischen Zusammenhang handelt. Werden Regressions- und Korrelationsanalysen im Rahmen der Untersuchung und Gestaltung von Arbeitssystemen, die weitgehend durch menschliches Verhalten geprägt sind, verwendet, so ist mit niedrigeren Bestimmtheitsmaßen zu rechnen. Die Angabe eines „ausreichenden" Bestimmtheitsmaßes muß sich somit an der konkreten inhaltlichen Problemstellung orientieren.

5.3.3 Mehrfache lineare Regression

Im Modell der mehrfachen linearen Regression wird die lineare Beziehung zwischen mehrerem Einflußgrößen x_{in} und der Zielgröße y_i berechnet.

Modell der mehrfachen linearen Regression

So ist zu vermuten, daß der Energieverbrauch außer von der Produktionsmenge auch von der Außentemperatur beeinflußt wird (vgl. Bild 48).

Das lineare Modell (zweifache lineare Regression) kann wie folgt formuliert werden:

$$\hat{y}_i = a + b_1 x_{1i} + b_2 x_{2i}$$

mit:
- $\hat{y}_i$: abhängige Variable
- x_{1i} : Einflußgröße 1 (im Beispiel die Produktionsmenge)
- x_{2i} : Einflußgröße 2 (im Beispiel die Außentemperatur)
- a, b_1, b_2 : Regressionskoeffizienten

Zur Bestimmung der Koeffizienten a, b_1 und b_2 kann wieder die Methode der kleinsten Quadrate herangezogen werden, d.h. die Funktion

$$\sum_{i=1}^{n} e_i^2 = \sum_{i=1}^{n} (y_i - \hat{y}_i)^2 = \sum_{i=1}^{n} (y_i - a - b x_{1i} - b_2 x_{2i})^2$$

ist bezüglich der Koeffizienten a, b_1 und b_2 zu minimieren.

Die Anwendung der Differentialrechnung führt zu folgendem Gleichungssystem („Normalgleichungen"):

$$\sum_{i=1}^{n} y_i - n a - b_1 \sum_{i=1}^{n} x_{1i} - b_2 \sum_{i=1}^{n} x_{2i} = 0$$

$$\sum_{i=1}^{n} y_i x_{1i} - a \sum_{i=1}^{n} x_{1i} - b_1 \sum_{i=1}^{n} x_{1i}^2 - b_2 \sum_{i=1}^{n} x_{1i} x_{2i} = 0$$

$$\sum_{i=1}^{n} y_i x_{2i} - a \sum_{i=1}^{n} x_{2i} - b_1 \sum_{i=1}^{n} x_{1i} x_{2i} - b_2 \sum_{i=1}^{n} x_{2i}^2 = 0$$

5.3.3 Regressionsrechnung — mehrfache lineare Regression

Daraus ergeben sich die Formeln für b_1, b_2 und a:

$$b_1 = \frac{s_{y,1} s_2^2 - s_{y,2} s_{1,2}}{s_1^2 s_2^2 - (s_{1,2})^2}$$

$$b_2 = \frac{s_{y,2} s_1^2 - s_{y,1} s_{1,2}}{s_1^2 s_2^2 - (s_{1,2})^2}$$

$$a = \frac{1}{n}\sum_{i=1}^{n} y_i - b_1 \frac{1}{n}\sum_{i=1}^{n} x_{1i} - b_2 \frac{1}{n}\sum_{i=1}^{n} x_{2i}$$

mit:

$$s_{y,1} = \frac{1}{n-1}\left(\sum y_i x_{1i} - \frac{1}{n}\sum y_i \sum x_{1i}\right)$$

$$s_{y,2} = \frac{1}{n-1}\left(\sum y_i x_{2i} - \frac{1}{n}\sum y_i \sum x_{2i}\right)$$

$$s_{1,2} = \frac{1}{n-1}\left(\sum x_{1i} x_{2i} - \frac{1}{n}\sum x_{1i} \sum x_{2i}\right)$$

$$s_1^2 = \frac{1}{n-1}\left(\sum x_{1i}^2 - \frac{1}{n}\left(\sum x_{1i}\right)^2\right)$$

$$s_2^2 = \frac{1}{n-1}\left(\sum x_{2i}^2 - \frac{1}{n}\left(\sum x_{2i}\right)^2\right)$$

Kovarianzen

s_y, s_y und $s_{1,2}$ sind sogenannte Kovarianzen. So beschreibt beispielsweise s_y den Zusammenhang zwischen dem abhängigen Merkmal y und der Einflußgröße x_2 (= Einflußgröße 2); s_1^2 und s_1^2 sind die Varianzen der Einflußgrößen (x_1 und x_2).

| mehrfache lineare Regression | **Regressionsrechnung** | 5.3.3 |

Auch im Fall der zweifachen Regression läßt sich als Maß der Anpassungsgüte das **Bestimmtheitsmaß** B berechnen. Dazu verwendet man folgende Formel:

$$B = \frac{b_1^2 s_1^2 + b_2^2 s_2^2 + 2 b_1 b_2 s_{1,2}}{s_y^2}$$

mit:
b_1, b_2 : Regressionskoeffizienten
s_1^2, s_2^2 : Varianz von Einflußgröße 1 bzw. 2
$s_{1,2}$: Kovarianz der Einflußgröße 1 und 2
s_y^2 : Varianz der Zielgröße

Beispiel: Mit Hilfe der einfachen linearen Regression war es gelungen, 98,9 % der Gesamtvarianz des Energieverbrauchs zu erklären. 1,1 % der Varianz der Zielgröße konnte nicht auf Änderungen der Produktion zurückgeführt werden. Man könnte z.B. versuchen, den erklärten Anteil der Varianz dadurch zu erhöhen, daß die Außentemperatur als zusätzliche Einflußgröße in den linearen Ansatz aufgenommen wird. Man erwartet dann:

1) Die Außentemperatur hat einen negativen Einfluß auf den Energieverbrauch, d.h. mit zunehmender Temperatur nimmt der Verbrauch ab.

2) Durch die Aufnahme einer weiteren Einflußgröße sollte sich das Bestimmtheitsmaß erhöhen.

Um diese beiden Annahmen zu überprüfen, müssen die Koeffizienten a, b_1 und b_2 der zweifachen Regression

$$\hat{y}_i = a + b_1 x_{1i} + b_2 x_{2i}$$

berechnet werden (Bild 54).

5.3.3 Regressionsrechnung — mehrfache lineare Regression

Lfd. Nr. der Beobachtung	Produktionsmenge in Stück	Energieverbrauch in MWh	Außentemperatur in °C					
i	x_{1i}	y_i	x_{2i}	x_{1i}^2	y_i^2	x_{2i}^2	$x_{1i}y_i$	$x_{2i}y_i$	$x_{1i}x_{2i}$
1	32620	24827	1,4	1064064400	616379929	1,96	809856740	34757,8	45668
2	29890	23063	3,9	.	.	.	.	.	.
3	25690	21386	7,0	.	.	.	.	.	.
4	27254	22155	9,6	.	.	.	.	.	.
5	29855	22967	14,8	.	.	.	.	.	.
6	31274	23120	18,9	.	.	.	.	.	.
7	31965	23055	21,4	.	.	.	.	.	.
8	12385	13385	19,8	.	.	.	.	.	.
9	13081	13497	17,5	.	.	.	.	.	.
10	28213	22400	11,9	.	.	.	.	.	.
11	10054	12287	7,3	.	.	.	.	.	.
12	14382	14397	3,2	.	.	.	.	.	.
$\sum_{i=1}^{n}$	286663	236754	136,7	7679777437	4917170420	2095,97	6105668869	2665153,1	3249982,8

Bild 54   Arbeitstabelle zur zweifachen linearen Regression (Berechnung von a, b_1, b_2 und B)

mehrfache lineare Regression — Regressionsrechnung — 5.3.3

Folgende Schritte sind erforderlich:

1) Berechnung von b_1 (= Steigungsmaß für die Einflußgröße Produktionsmenge)   Arbeitsschritte

$$b_1 = \frac{s_{y,1}\, s_2^2 - s_{y,2}\, s_{1,2}}{s_1^2\, s_2^2 - (s_{1,2})^2}$$

Berechnung der Kovarianzen:

$$s_{y,1} = \frac{1}{n-1}\left(\sum_{i=1}^{n} y_i x_{1i} - \frac{1}{n}\sum_{i=1}^{n} y_i \sum_{i=1}^{n} x_{1i}\right)$$

$$s_{y,1} = \frac{6\,105\,668\,869 - \frac{1}{12}\, 236\,754 \cdot 286\,663}{11} = 40\,904\,655{,}5$$

$$s_{y,2} = \frac{1}{n-1}\left(\sum_{i=1}^{n} y_i x_{2i} - \frac{1}{n}\sum_{i=1}^{n} y_i \sum_{i=1}^{n} x_{2i}\right)$$

$$s_{y,2} = \frac{2\,665\,153{,}1 - \frac{1}{12} \cdot 236\,754 \cdot 136{,}7}{11} = -2\,897{,}2$$

$$s_{1,2} = \frac{1}{n-1}\left(\sum_{i=1}^{n} x_{1i} x_{2i} - \frac{1}{n}\sum_{i=1}^{n} x_i \sum_{i=1}^{n} x_{2i}\right)$$

$$s_{1,2} = \frac{3\,249\,982{,}8 - \frac{1}{12} \cdot 286\,663 \cdot 136{,}7}{11} = -1\,416{,}96$$

Berechnung der Varianzen:

$$s_1^2 = \frac{1}{n-1}\left[\sum_{i=1}^{n} x_{1i}^2 - \frac{1}{n}\left(\sum_{i=1}^{n} x_{1i}\right)^2\right]$$

$$= \frac{7\,679\,777\,437 - \frac{1}{12} \cdot (286\,663)^2}{11} = 75\,618\,588{,}5$$

5.3.3 Regressionsrechnung — mehrfache lineare Regression

$$s_2^2 = \frac{1}{n-1}\left[\sum_{i=1}^{n} x_{2i}^2 - \frac{1}{n}\left(\sum_{i=1}^{n} x_{2i}\right)^2\right]$$

$$= \frac{2\,095{,}97 - \frac{1}{12}\cdot(136{,}7)^2}{11} = 49$$

$$b_1 = \frac{40\,904\,655{,}5 \cdot 49 - (-2897{,}2 \cdot (-1\,417))}{75\,618\,588{,}5 \cdot 49 - (-1\,417)^2}$$

$$= \frac{1\,999\,216\,199}{3\,701\,442\,090} = 0{,}54$$

2) Berechnung von b_2 (=Steigungsmaß für die Einflußgröße Außentemperatur)

$$b_2 = \frac{s_{y,2}\, s_1^2 - s_{y,1}\, s_{1,2}}{s_1^2\, s_2^2 - (s_{1,2})^2}$$

Für b_2 ist nur der Zähler neu zu rechnen (vgl. Formeln für b_1 und b_2)

$$b_2 = \frac{-2897{,}2 \cdot 75\,618\,588{,}5 - (40\,904\,655{,}5 \cdot -1\,417)}{3\,701\,442\,090} = -43{,}5$$

3) Berechnung von a (= Achsenabschnitt)

$$a = \frac{1}{n}\sum y_i - b_1 \frac{1}{n}\sum x_{1i} - b_2 \frac{1}{n}\sum x_{2i}$$

$$= \frac{236\,754 - 0{,}54 \cdot 286\,663 + 43{,}53 \cdot 136{,}7}{12} = 7322{,}7$$

4) Berechnung des Bestimmtheitsmaßes:

$$B = \frac{b_1^2\, s_1^2 + b_2^2\, s_2^2 + 2b_1 b_2 s_{1,2}}{s_y^2}$$

mehrfache lineare Regression   **Regressionsrechnung**   5.3.3

- Berechnung der Varianz der abhängigen Variablen

$$s_y^2 = \frac{1}{n-1}\left[\sum_{i=1}^n y_i^2 - \frac{1}{n}\left(\sum_{i=1}^n y_i\right)^2\right]$$

$$= \frac{4\,917\,420 - \frac{1}{12} \cdot (236\,754)^2}{11} = 22\,375\,670{,}6$$

- Berechnung von B

$$B = \frac{0{,}54^2 \cdot 75\,618\,588{,}5 + (-43{,}5)^2 \cdot 49 + 2 \cdot 0{,}54 \cdot 43{,}5 \cdot 1\,417}{22\,375\,670{,}64}$$

$$= \frac{22\,219\,613{,}77}{22\,375\,670{,}64} = 0{,}993$$

Hieraus ergibt sich:

$\hat{y}_i = 7\,322{,}7 + 0{,}54 x_{1i} - 43{,}5 \cdot x_{2i}$

$B = 0{,}993$

Diese Ergebnisse bestätigen die Erwartungen:
- Die Erweiterung um die Einflußgröße Temperatur erhöht das Bestimmtheitsmaß. 99,3% der Varianz des abhängigen Merkmals können durch die Einflußgrößen Produktionsmenge und Außentemperatur erklärt werden (einfache lineare Regression: 98,9%).
- Die Temperatur hat einen negativen Einfluß auf den Energieverbrauch, d. h. eine Erhöhung der Außentemperatur um 1°C senkt den Energieverbrauch um 43,5 MWh.

5.3.4 Nichtlineare Regression

Ein sehr niedriges Bestimmtheitsmaß kann einerseits ein Indiz dafür sein, daß wesentliche Einflußfaktoren nicht berücksichtigt wurden, andererseits kann dies aber auch durch die Wahl einer nicht angemessenen Regressionsfunktion verursacht sein. Analysiert man das Streudiagramm in Bild 55, so ist festzustellen, daß die Anpassung der gestrichelten Funktionsgleichung an die Wertepaare besser ist als die der Geraden, d.h. das Bestimmtheitsmaß bei Annahme der nichtlinearen Funktion ist höher.

nichtlineare Regression

> Im Modell der nichtlinearen Regression weden nichtlineare Beziehungen zwischen einer bzw. mehreren Einflußgrößen und der Zielgröße berechnet.

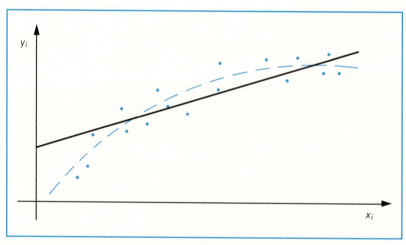

Bild 55 Streudiagramm eines nichtlinearen Zusammenhangs

Nichtlineare Zusammenhänge zwischen zwei Merkmalen werden beispielsweise durch folgende Regressionsfunktionen beschrieben (Bild 56):

$\hat{y}_i = a x_i^b$ Potenzfunktion
$\hat{y}_i = a e^{b x_i}$ Exponentialfunktion

nichtlineare Regression | Regressionsrechnung | 5.3.4

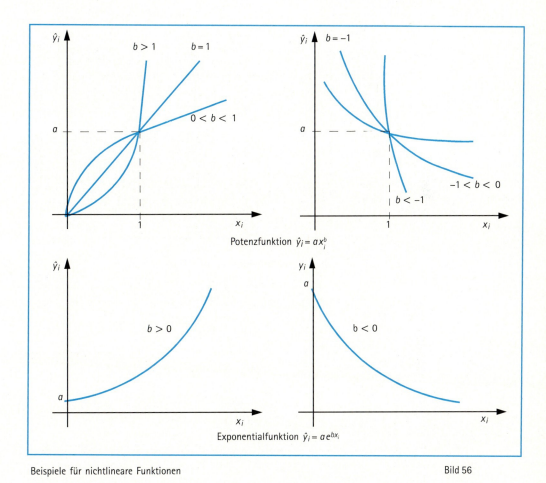

Beispiele für nichtlineare Funktionen   Bild 56

Beispiel: In einem Unternehmen soll der Zusammenhang zwischen Werbeausgaben und Umsatzentwicklung untersucht werden (siehe Bild 57).   Beispiel

5.3.4 Regressionsrechnung — nichtlineare Regression

Jahr	Lfd. Nr.	Umsatz in Mio. DM	Werbeausgaben in Mio. DM
1981	1	13,6	1,4
1982	2	14,9	1,7
1983	3	14,5	1,6
1984	4	15,2	1,8
1985	5	15,9	2,0
1986	6	15,4	1,9
1987	7	18,7	3,0
1988	8	16,3	2,2
1989	9	19,9	3,6
1990	10	13,4	1,3
1991	11	11,9	0,9
1992	12	8,6	0,5

Bild 57 — Merkmalswerte für die Abhängigkeit des Umsatzes von den Werbeausgaben

Diese Daten werden zunächst in ein Koordinatenkreuz eingetragen (vgl. Bild 58).

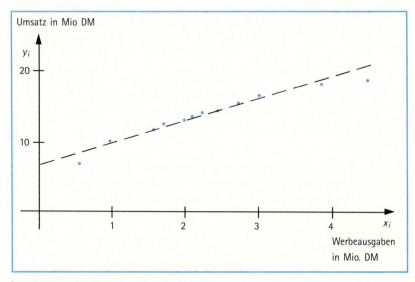

Bild 58 — Streudiagramm für die Abhängigkeit des Umsatzes von den Werbeausgaben

nichtlineare Regression — Regressionsrechnung — 5.3.4

Geht man von einer linearen Regressionsfunktion

$$\hat{y}_i = a + bx_i$$

mit
- $\hat{y}_i$: Zielgröße (hier: Umsatz in Mio DM)
- x_i : Einflußgröße (hier: Werbeausgaben in Mio DM)
- a, b : Regressionskoeffizienten

aus, erhält man folgendes Ergebnis:

$$\hat{y}_i = 8{,}66 + 3{,}39 \cdot x_i$$

$B = 0{,}9462$ bzw. $r = 0{,}9727$

Dies bedeutet: Die lineare Regressionsfunktion erklärt 94,62 % der Varianz der Zielgröße.

Es soll nun überprüft werden, ob sich durch die Auswahl einer nichtlinearen Regressionsfunktion das Bestimmtheitsmaß erhöht.

Das Streudiagramm läßt folgenden Zusammenhang zwischen Umsatz (y_i) und Werbeausgaben (x_i) vermuten:

$$\hat{y}_i = a x_i^b$$

Um die Koeffizienten a und b bestimmen zu können, kann man diesen Ansatz in eine logarithmierte Form transformieren:

$$\ln \hat{y}_i = \ln a + b \ln x_i$$

mit
- $\ln \hat{y}_i$: natürlicher Logarithmus der abhängigen Zielgröße
- $\ln x_i$: natürlicher Logarithmus der Einflußgröße
- $\ln a$: natürlicher Logarithmus des Regressionskoeffizienten a
- b : Regressionskoeffizient

$\ln a$ und b können mit Hilfe der Methode der kleinsten Quadrate bestimmt werden. Der einzige Unterschied zur einfachen linearen Regression ist, daß anstelle der Wertepaare y_i, x_i deren natürlicher Logarithmus $\ln y_i$ und $\ln x_i$ verwendet wird.

Die Bestimmungsgleichungen für b und $\ln a$ lauten:

$$b = \frac{\sum_{i=1}^{n} \ln y_i \ln x_i - \frac{1}{n} \sum_{i=1}^{n} \ln y_i \sum_{i=1}^{n} \ln x_i}{\sum_{i=1}^{n} (\ln x_i)^2 - \frac{1}{n} \left(\sum_{i=1}^{n} \ln x_i \right)^2}$$

$$\ln a = \frac{1}{n} \sum_{i=1}^{n} \ln y_i - b \frac{1}{n} \sum_{i=1}^{n} \ln x_i$$

Um a zu berechnen, muß $\ln a$ „entlogarithmiert" werden:

$a = e^{\ln a}$

Das Ergebnis lautet:

$\hat{y}_i = 11{,}89 \cdot x_i^{0{,}414} \quad B = 0{,}992$

d.h. die nichtlineare Regressionsfunktion hat im Vergleich zum linearen Ansatz ($B = 0{,}9462$) eine höhere Anpassungsgüte.

Der Regressionskoeffizient $b = 0{,}414$ läßt sich folgendermaßen interpretieren: Eine Erhöhung der Werbeausgaben um 1% führt zu einer Steigerung des Umsatzes um 0,414%.

5.3.5 Test des Bestimmtheitsmaßes

Vorgehen beim Test

Der Korrelationskoeffizient r und das Bestimmtheitsmaß B wurden aus der Stichprobe berechnet. Will man die Frage beantworten, ob das Bestimmtheitsmaß wesentlich von Null verschieden ist, d.h. in der Grundgesamtheit größer als Null ist, so ist ein Test durchzuführen. Der Test wird wie folgt formuliert:

Nullhypothese

$H_0 : \rho^2 = 0$

Alternativhypothese

$H_1 : \rho^2 > 0$

1) Die Testgröße F_{BEOB} lautet:

$$F_{BEOB} = \frac{r^2}{1-r^2} \cdot \frac{n-k-1}{k}$$

mit k: Anzahl der Einflußgrößen

Für das Beispiel der Korrelation für den Zusammenhang zwischen Energieverbrauch und Produktionsmenge (Bild 45) ergibt sich mit $r = 0{,}994$:

$$F_{BEOB} = \frac{0{,}994^2}{1 - 0{,}994^2} \cdot \frac{12-1-1}{1}$$

$$= 823{,}3$$

2) Aus der F-Tabelle (Tabelle 7 im Anhang) ergibt sich für $FG_1 = k = 1$ (Zähler-Freiheitsgrad) und $FG_2 = n - k = 1 = 12 - 1 - 1 = 10$ (Nenner-Freiheitsgrad) sowie $(1 - \alpha) = 95\%$:

$$F = 4{,}96$$

3) Da $F_{BEOB} > F$ wird die Nullhypothese abgelehnt, d.h. man schließt – wie in diesem Fall erwartet – auf eine wesentliche Korrelation zwischen Energieverbrauch und Produktionsmenge in der Grundgesamtheit.

5.3.6 Tests der Regressionskoeffizienten

Die Regressionskoeffizienten in der Funktion

$\hat{y}_i = a + bx_i$

sind abhängig von den Ausprägungen der beiden Merkmale (x_i, y_i), d.h. von der Stichprobe. Wären zahlenmäßig andere Wertepaare (y_i, x_i) in die Stichprobe einbezogen worden, so hätte man für die Regressionskoeffizienten a und b andere Zahlenwerte berechnet.

Das bedeutet jedoch: a und b sind lediglich Annäherungswerte oder Schätzwerte für die unbekannten Regressionskoeffizienten der Grundgesamtheit.

5.3.6 Regressionsrechnung — Tests der Regressionskoeffizienten

Eine Untersuchung der Grundgesamtheit würde folgende Regressionsgerade ergeben:

$$\hat{y}_i = \alpha + \beta x_i$$

Dabei bedeuten:

1) $\hat{y}_i$ ist der wahre, jedoch unbekannte Wert der Zielgröße für den Wert x_i der Einflußgröße; $\hat{y}_i$ ist der Schätzwert für $\hat{y}_i$.
2) α ist das wahre, jedoch unbekannte Absolutglied der Regressionsgeraden; a ist der Schätzwert für α.
3) β ist das wahre, jedoch unbekannte Steigungsmaß der Regressionsgeraden; b ist der Schätzwert für β.

Bild 59 soll den Zusammenhang zwischen geschätzter und „wahrer" Regressionsgeraden verdeutlichen.

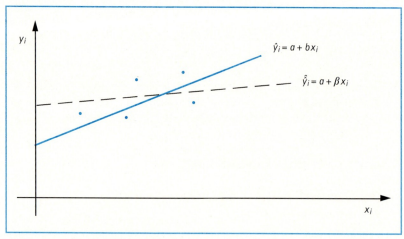

Bild 59 „Wahre" und geschätzte Regressionsgerade

Ausgehend von dieser Problematik ergibt sich die Frage, wie von den Schätzwerten a und b auf die unbekannten Parameter (Regressionskoeffizienten) α und β der Grundgesamtheit geschlossen werden kann.

Tests der Regressionskoeffizienten — Regressionsrechnung

Die Tests für α und β sollen am Beispiel der einfachen linearen Regression verdeutlicht werden. Die Schätzung der Regressionsgeraden nach der Methode der kleinsten Quadrate lieferte folgendes Ergebnis:

$\hat{y}_i = 6807{,}4 + 0{,}54 \cdot x_i$

Aufgrund der Stichprobenergebnisse wurde eine Steigung b von 0,54 errechnet, d. h. eine Produktionssteigerung um eine Einheit führt zu einer Steigerung des Energieverbrauchs um 0,54 MWh. In der Regel stimmt jedoch der Schätzwert b nicht genau mit dem unbekannten Regressionskoeffizienten β der Grundgesamtheit überein. Es ist zu überprüfen, ob trotz des Schätzergebnisses für b der wahre Regressionskoeffizient β Null ist. Wäre $\beta = 0$, bedeutet dies, daß die Produktionsmenge keinen Einfluß auf den Energieverbrauch hätte. Diese Fragestellung führt zu folgenden Hypothesen über β:

1) Nullhypothese $\quad H_0 : \beta = 0$ — Hypothesen
   Alternativhypothese $\quad H_1 : \beta \neq 0$

Analog können auch Hypothesen über die übrigen Koeffizienten einer Regressionsfunktion formuliert werden. Anhand des Beispiels zur einfachen Regression soll geprüft werden, ob die Regressionskoeffizienten α und β wesentlich von Null abweichen. Ausgangspunkt ist die Kleinst-Quadrate-Schätzung:

$\hat{y}_i = 6807{,}5 + 0{,}54 x_i$

mit:
$\hat{y}_i$: Zielgröße (Energieverbrauch)
x_i: Einflußgröße (Produktion)

Zunächst wird geprüft, ob der Parameter β von Null verschieden ist.

2) Bildung der Testgröße — Testgröße

$$t_{\text{BEOB}} = \frac{b}{s_b}$$

mit:

$$s_b = \sqrt{\frac{s_e^2}{(n-1)\, s_x^2}}$$

5.3.6 Regressionsrechnung — Tests der Regressionskoeffizienten

Dabei bedeuten:

$$s_e^2 = \frac{1}{n-2} \sum_{i=1}^{n} e_i^2 = \frac{1}{n-2} \sum_{i=1}^{n} (y_i - \hat{y}_i)^2 \quad : \text{Reststreuung}$$

$$s_x^2 = \frac{1}{n-1} \left(\sum_{i=1}^{n} x_i^2 - \frac{1}{n} \left(\sum_{i=1}^{n} x_i \right)^2 \right) \quad : \text{Streuung der Einflußgröße } x$$

lfd. Nr.	y_i	x_i	$e_i = y_i - \hat{y}_i$	$e_i^2 = (y_i - \hat{y}_i)^2$
1	24 827	32 620	372,230	138 480,7
2	23 063	29 890	85,150	.
3	21 386	25 690	680,350	.
4	22 155	27 254	603,226	.
5	22 967	29 855	8,085	.
6	23 120	31 274	−606,594	.
7	23 055	31 965	−1 045,425	.
8	13 600	12 385	92,355	.
9	13 497	13 081	−387,181	.
10	22 400	28 213	329,407	.
11	12 287	10 054	40,426	.
12	14 397	14 382	−191,022	.
Σ				2 738 565,8

Bild 60 — Berechnung der Reststreuung s_e^2

Mit $s_e^2 = 273\,856{,}6$ und $s_x^2 = 75\,618\,588{,}5$ (siehe Bild 59) ergibt sich:

$s_b = 0{,}01814$

$t_{\text{BEOB}} = \dfrac{0{,}54}{0{,}01814} = 29{,}8$

3) Aus der t-Verteilung (Tabelle 2 im Anhang) kann zu $FG = n - 2$ Freiheitsgraden und der Aussagewahrscheinlichkeit $(1 - \alpha)$ der zweiseitige kritische Wert t abgelesen werden.

Falls gilt:

$|t_{\text{BEOB}}| \leq t$

wird angenommen, daß β nicht von Null verschieden ist.

Tests der Regressionskoeffizienten — **Regressionsrechnung** — 5.3.6

Falls

$|t_{BEOB}| > t,$

wird angenommen, daß β von Null verschieden ist.

Im Beispiel gilt:

- Kritischer Wert der t-Verteilung (bei einer Aussagewahrscheinlichkeit von 95% und $FG = 10$):

$t = 2,228$

- Da $|t_{BEOB}| > 2,228$ ist, kann mit einer Wahrscheinlichkeit von 95% angenommen werden, daß die Steigung der Regressionsfunktion von Null verschieden ist.

In ähnlicher Weise können wir überprüfen, ob der Parameter α von Null verschieden ist.

1) Formulierung der Hypothesen

    Nullhypothese
    $H_0 : \alpha = 0$
    Alternativhypothese
    $H_1 : \alpha \neq 0$

2) Bildung der Testgröße

$$t_{BEOB} = \frac{a}{s_a}$$

mit:

$$s_a = s_b \sqrt{\frac{\sum_{i=1}^{n} x_i^2}{n}}$$

Damit kann man errechnen:

$s_a = 0{,}01814 \cdot \sqrt{639\,981\,453{,}1} = 458{,}9$

$t_{BEOB} = \dfrac{6807{,}45}{458{,}9} = 14{,}8$

3) Ablesen des kritischen Wertes
   - Kritischer Wert der t-Verteilung (bei 95%iger Wahrscheinlichkeit und $FG = 10$):

   $t = 2{,}228$

   - Da $|t_{BEOB}| > 2{,}228$ ist, wird H_0 abgelehnt, d.h. man kann mit einer Wahrscheinlichkeit von 95% davon ausgehen, daß der Regressionskoeffizient α von Null verschieden ist.

5.3.7 Vertrauensbereiche für die Regressionskoeffizienten und die Regressionsgerade

Vertrauensbereiche für die Regressionskoeffizienten

Für die unbekannten Regressionskoeffizienten α und β der Grundgesamtheit können Vertrauensbereiche gebildet werden. Für β lautet der Vertrauensbereich:

$$\beta_{UNTEN}^{OBEN} = b \pm t_{1-\alpha/2;FG} \cdot s_b$$

Im Beispiel gilt bei einer Aussagewahrscheinlichkeit von 95% und $FG = n - 2$:

$\beta_{UNTEN}^{OBEN} = 0{,}54 \pm 2{,}228 \cdot 0{,}01814$

$\phantom{\beta_{UNTEN}^{OBEN}} = 5{,}541 \pm 0{,}04$

Das bedeutet: Der Regressionskoeffizient β liegt mit einer Wahrscheinlichkeit von 95% zwischen 0,5 und 0,58.

Vertrauensbereiche — Regressionsrechnung — 5.3.7

Entsprechend gilt für α bei einer Aussagewahrscheinlichkeit von 95% und $FG = n-2$:

$$\alpha_{UNTEN}^{OBEN} = a \pm t_{1-\alpha/2;FG} \cdot s_a$$

$$= 6807{,}4 \pm 2{,}228 \cdot 458{,}9$$

$$= 6807{,}4 \pm 1022{,}43$$

Das bedeutet: Mit einer Wahrscheinlichkeit von 95% liegt α zwischen 5785 und 7829,8.

Will man eine Aussage über den Vertrauensbereich bei einem bestimmten Wert x_0 über die Regressionsgerade $\hat{y}_0 = a + bx_0$ machen, so gilt:

Vertrauensbereich für die Regressionsgerade

$$y_{UNTEN}^{OBEN} = \hat{y}_0 \pm t_{1-\alpha/2;FG} \cdot s_{\hat{y}}$$

mit
$$s_{\hat{y}}^2 = s_e^2 \left(\frac{1}{n} + \frac{(x_0 - \bar{x})^2}{\sum_{i=1}^{n}(x_i - \bar{x})^2} \right)$$

und $FG = n - 2$

Der Vertrauensbereich ist von x_0 abhängig und ist bei $x_0 = \bar{x}$ am kleinsten. Je größer die Differenz zwischen x_0 und $\bar{x}$, desto größer ist auch der Vertrauensbereich (Bild 61).

Beispiel: Die einfache lineare Regressionsfunktion für den Zusammenhang zwischen Energieverbrauch und Produktionsmenge lautet:

$$\hat{y}_i = 6807{,}4 + 0{,}54 x_i$$

5.3.7 Regressionsrechnung — Vertrauensbereiche

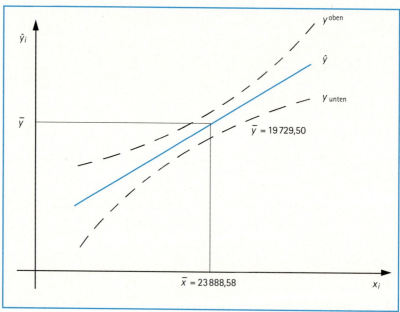

Bild 61   Vertrauensbereich für die Regressionsgerade

Für eine Produktionsmenge von 25000 Stück wird der Vertrauensbereich für den Energieverbrauch mit einer Aussagewahrscheinlichkeit von 95% wie folgt berechnet:

1) Berechnung von $\hat{y}_0$

$$\hat{y}_0 = 6807{,}4 + 0{,}54 x_0$$
$$= 6807{,}4 + 0{,}54 \cdot 25000$$
$$= 20332{,}4$$

2) Berechnung von $s_{\hat{y}}$

$$s_{\hat{y}}^2 = s_e^2 \left(\frac{1}{n} + \frac{(x_0 - \bar{x})^2}{\sum\limits_{i=1}^{n} (x_i - \bar{x})^2} \right)$$

$$= s_e^2 \left(\frac{1}{n} + \frac{(x_0 - \bar{x})^2}{(n-1)\, s_x^2} \right)$$

$$s_{\hat{y}}^2 = 273\,856{,}6 \left(\frac{1}{12} + \frac{(25\,000 - 23\,888{,}6)^2}{(12-1)\,75\,618\,588{,}5} \right)$$

$$= 273\,856{,}6 \left(\frac{1}{12} + 1{,}4 \cdot 10^{-6} \right)$$

$$= 22\,821{,}4$$

$$s_{\hat{y}} = 151{,}1$$

3) Berechnung des Vertrauensbereichs

$$y_{\text{UNTEN}}^{\text{OBEN}} = 20\,332 \pm 2{,}228 \cdot 151{,}1$$

$$= 20\,332 - 336$$

Das bedeutet: Mit einer Wahrscheinlichkeit von 95% liegt der Energieverbrauch bei einer Produktionsmenge von 25 000 Stück zwischen 19 996 und 20 669 MWh.

5.3.8 Inhaltliche und methodische Probleme bei der mehrfachen Regressionsanalyse

Bei der Analyse mit Hilfe der mehrfachen Regressionsrechnung tritt zunächst das inhaltliche Problem der **Auswahl** geeigneter Einflußgrößen auf. Wichtigstes Kriterium ist dabei, daß Merkmale verwendet werden, die unter inhaltlichen Aspekten einen hohen Erklärungsgehalt vermuten lassen, so beispielsweise die Werbeausgaben und der Preis zur Erklärung der Absatzentwicklung eines Produktes. Sind im ersten Schritt diese Einflußgrößen ausgewählt, so ist zu prüfen, ob sie auch wesentlich, d.h. wichtig für die Erklärung der Zielgröße sind. Dabei ist zunächst zu untersuchen, ob zwischen den Einflußgrößen eine hohe oder niedrige Korrelation besteht. Wird hohe Korrelation zwischen zwei Merkmalen festgestellt, so weist dies darauf hin, daß nur eine der beiden Einflußgrößen im Regressionsansatz berücksichtigt werden muß. Deshalb sollten die Einflußgrößen grundsätzlich so gewählt werden, daß sie möglichst unabhängig voneinander sind.

Auswahl der Einflußgrößen

5.3.8 Regressionsrechnung — inhaltliche und methodische Probleme

Bewertung des Regressionsmodells

Bei der Bewertung der Regressionsfunktion ist weiterhin zu beachten, daß ein niedriges Bestimmtheitsmaß sowohl auf das Fehlen wichtiger Einflußgrößen als auch auf die Wahl einer falschen Funktionsform zurückgeführt werden kann.

Eine Trennung der beiden Ursachen fällt oft schwer, jedoch ist es notwendig, durch Prüfen alternativer, linearer oder nichtlinearer Regressionsmodelle mit einer veränderlichen Anzahl von Einflußgrößen ein befriedigendes Modell zu finden. Die unterschiedlichen Modelle sind jedoch nicht nur nach dem Kriterium des Bestimmtheitsmaßes, sondern auch anhand von statistischen Tests und Vertrauensbereichen für die Regressionskoeffizienten zu bewerten.

5.4 Fallstudie zur mehrfachen Regression: Planzeitermittlung

In einer Fallstudie soll nun beispielhaft gezeigt werden, wie durch schrittweise Eliminierung von Einflußgrößen einerseits und durch Wechsel des mathematischen Ansatzes andererseits die Regressionsfunktion mit dem höchsten Bestimmtheitsmaß berechnet werden kann. Als Beispiel für die Anwendung der mehrfachen Regressionsrechnung wurden 18 Zeitaufnahmen der Arbeitsaufgabe „Scharfschleifen von Abwälzfräsern" verwendet. Für den Arbeitsvorgang „Fräser nachschleifen" sollen Planzeiten ermittelt werden. Der Arbeitsvorgang hat folgende Ablaufabschnitte:

1) Maschinen auf Automatikgang umschalten
2) Schleifen
3) Nachschleifzustand prüfen
4) Maschinendaten von Hand nachstellen
5) Schleifscheibe abrichten
6) Maschine letztmalig abschalten.

Zur Erklärung der Betriebsmittelgrundzeit GRZ liegen Meßwerte von $n = 18$ Fräsen mit insgesamt sechs Einflußgrößen vor (Bild 62).

Nr.	Bezeichnung	Abkürzung
1	Abschliff in mm	ABS bzw. x_1
2	Fräserlänge in mm	LAEN bzw. x_2
3	Hublänge der Spindel in mm	HUB bzw. x_3
4	Fräserdurchmesser in mm	DMES bzw. x_4
5	Fräsermodul	MODU bzw. x_5
6	Teilungszahl	TEZA bzw. x_6

Einflußgrößen für die Planzeitermittlung der Betriebsmittelgrundzeit   Bild 62

In Bild 63 werden die Einflußgrößen Fräserlänge, Hublänge und Fräserdurchmesser erläutert.

5.4 Regressionsrechnung — Planzeitermittlung

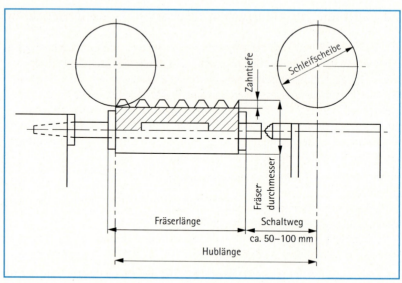

Bild 63 — Erläuterung der Einflußgrößen

Schleifscheibe

Die Meßwerte für die Zielgröße und die Einflußgrößen sind der Tabelle auf Seite 155 zu entnehmen (Bild 64).

Will man die Höhe der erfaßten Zielgrößenwerte y (hier: Betriebsmittelgrundzeit GRZ) nicht nur durch eine einzige Einflußgröße und eine lineare Funktion

$$\hat{y}_i = a + bx_i$$

wiedergeben, sondern eine lineare Abhängigkeit zwischen dem Wert der Zielgröße y und mehreren Einflußgrößen x_1, x_2, ... herstellen, so bedient man sich der Regressionsfunktion:

$$\hat{y} = a + b_1 x_1 + b_2 x_2 + \dots + b_k x_k$$

Mit Hilfe der Methode der kleinsten Quadrate ist es möglich, aus n Merkmalsausprägungen der Zielgrößen und Einflußgrößen die Regressionskoeffizienten a, b_1, b_2, ... und damit die Funktionswerte $\hat{y}_i$ zu berechnen.

Planzeitermittlung   **Regressionsrechnung**   **5.4**

Lfd. Nr.	y (GRZ)	x_1 (ABS)	x_2 (LAEN)	x_3 (HUB)	x_4 (DMES)	x_5 (MODU)	x_6 (TEZA)
1	29,4	0,5	130	210	140	6,9	10
2	47,2	0,6	130	210	130	5,85	10
3	59,5	0,8	150	250	110	2,55	12
4	62,6	0,7	150	240	110	4,50	12
5	41,7	0,5	124	210	60	1,00	12
6	43,9	0,8	90	170	80	2,75	12
7	22,7	0,4	62	145	60	2,75	12
8	40,8	0,5	90	180	80	1,25	12
9	42,1	0,6	90	175	80	2	13
10	83,0	0,8	260	350	95	3,6	13
11	79,3	0,7	185	270	125	4,50	15
12	125,3	1,6	150	240	115	4,3	15
13	102,0	0,9	150	250	115	4,3	15
14	130,6	1,6	185	260	120	4,5	15
15	144,2	4,2	105	190	100	2,5	12
16	119,7	2,0	210	300	100	2,75	12
17	137,1	2,3	240	340	110	4,0	12
18	71,4	1,6	130	220	140	6,9	10
Kleinstwert:	22,7	0,4	62	145	60	1,00	10
Größtwert:	144,2	4,2	260	350	140	6,9	15

Meßwerte für die Planzeitermittlung   Bild 64

Mit Hilfe eines Software-Pakets ist es möglich, die Regressionskoeffizienten sowie das Bestimmtheitsmaß und die entsprechenden Testgrößen t für die Koeffizienten zu berechnen. Verwendet man den Ansatz des mehrfachen linearen Regressionsmodells

linearer Ansatz

$$\hat{y} = a + b_1x_1 + b_2x_2 + b_3x_3 + b_4x_4 + b_5x_5 + b_6x_6$$

so wird folgendes Modell errechnet:

GRZ = −144,5 + 30,8 ABS − 0,1 LAEN + 0,31 HUB + 0,073 DMES
      +1,684 MODU + 9,095 TEZA

5.4 Regressionsrechnung — Planzeitermittlung

Weiterhin läßt sich errechnen:

- Das Bestimmtheitsmaß beträgt 96,11%.
- Die Standardabweichungen der Regressionskoeffizienten sind:
    ABS : 2,77
    LAEN : 0,404
    HUB : 0,383
    DMES : 0,252
    MODU : 3,616
    TEZA : 1,613
- Die Testgrößen für die einzelnen Koeffizienten sind (t_{BEOB}):
    ABS : 11,1
    LAEN : −0,245
    HUB : 0,811
    DMES : 0,290
    MODU : 0,466
    TEZA : 5,637

Der kritische Wert t beträgt bei 95%iger Wahrscheinlichkeit 2,12 (Anmerkung: Da 7 Koeffizienten geschätzt werden, ist bei $FG = n - 7$ in der Tabelle 2 im Anhang abzulesen).

Eliminieren von Einflußgrößen

Ziel der folgenden Überlegungen ist es, die Einflußgrößen zu eliminieren, die zur Erklärung der Zielgröße einen geringen Beitrag liefern. Da insbesondere die Variable LAEN zur Erklärung von GRZ unwichtig erscheint (kleinste Testgröße: 0,254), wird sie eliminiert und die Regression neu berechnet. Nach Prüfung der Gütemaße können weitere Merkmale nach diesem Prinzip weggelassen werden.

Der schrittweise Abbau der Zeitformel wird nach Elimination der Einflußgrößen Fräserlänge, Fräserdurchmesser und Modul, die als unwesentlich für das Bilden der Planzeiten erkannt wurden, beendet. Die Zeitformel lautet dann:

GRZ = −120,65 + 30,81 ABS + +0,245 HUB + 8,37 TEZA

Das Bestimmtheitsmaß ist für dieses Modell

B = 95,1%

Die Standardabweichungen der Regressionskoeffizienten betragen:

ABS: 2,57
HUB 0,45
TEZA 1,5

Planzeitermittlung — Regressionsrechnung — 5.4

Die Testgrößen t_{BEOB} sind für:

ABS : 11,99
HUB : 5,45
TEZA : 5,59

Der kritische Wert t ist bei 95%iger Wahrscheinlichkeit 2,093 (bei $FG = n - 4$), so daß geschlossen werden kann, daß die jetzt einbezogenen Merkmale wesentlich zur Erklärung der Betriebsmittelgrundzeit GRZ beitragen. Der Vorteil der zuletzt genannten Zeitformel (mit den wesentlichen Einflußgrößen) gegenüber der zuerst genannten (mit sämtlichen Einflußgrößen) liegt bei nahezu gleicher Güte der berechneten Planzeiten in der einfacheren Darstellung und Verwendung.

Trotz der hohen Güte der zuletzt genannten Planzeitformel ist dieses Ergebnis noch nicht zufriedenstellend. Bei einer kritischen Beurteilung der graphischen Darstellung der erfaßten Betriebsmittelgrundzeiten und der Einflußgröße Abschliff in Bild 65 kommt man zu der Feststellung, daß eine lineare Regressionsfunktion für diesen Zusammenhang nicht das beste Modell darstellt, sondern die Betriebsmittelgrundzeit sich degressiv mit dem Abschliff erhöht. Es ist also sinnvoller, eine nichtlineare Regressionsfunktion für diesen Zusammenhang zu verwenden.

nichtlinearer Ansatz

Als nichtlineare Regressionsfunktion können in Betracht kommen:

1) Logarithmische Transformation der Einflußgröße

$x = \lg ABS$

logarithmische Funktion

Die Zielgröße wird unverändert übernommen.

$y = GRZ$

2) Wurzeltransformation der Einflußgröße

$x = \sqrt{ABS}$

Wurzel-Funktion

Die Zielgröße wird unverändert übernommen

$y = GRZ$

5.4 Regressionsrechnung — Planzeitermittlung

Beide Vorschläge sind im Vergleich zu anderen

$$x = \frac{1}{ABS}$$

$$x = e^{ABS}$$

⋮

usw.

deshalb sinnvoll, weil sowohl die logarithmische als auch die Wurzelfunktion einen Verlauf zeigt, der den Wertepaaren im Streudiagramm (ABS, GRZ) am ähnlichsten ist.

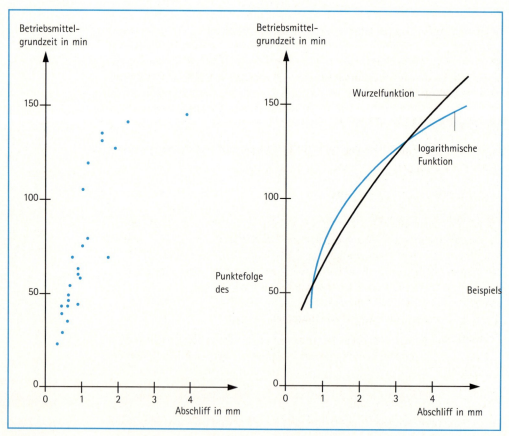

Bild 65   Logarithmische und Wurzelfunktion als nichtlineare Regressionsfunktionen

| Planzeitermittlung | Regressionsrechnung | 5.4 |

Wird der erste Ansatz verwendet, so sind die Logarithmen der Abschliffwerte ABS als Einflußgröße und deren zugeordnete Betriebsmittelgrundzeiten GRZ als Zielgröße zu verwenden.

Berechnung

Als Planzeitformel erhält man:

$$GRZ = 80{,}37 + 130{,}17 \cdot \lg ABS$$

mit

$t_{BEOB} = 8{,}63$ und der Standardabweichung $s_b = 15{,}1$ für den Koeffizienten von lg ABS

Das Bestimmtheitsmaß beträgt für dieses Modell 82,3 %.

Wird die Wurzelfunktion verwendet, so ergibt sich:

$$GRZ = -19{,}66 + 94{,}46 \ \sqrt{ABS}$$

mit

$t_{BEOB} = 7{,}1$ und der Standardabweichung $s_b = 13{,}31$ für den Koeffizienten von $\sqrt{ABS}$.

Das Bestimmtheitsmaß beträgt für dieses Modell nur 75,9 %.

Verwendet man schließlich eine mehrfache nichtlineare Regressionsfunktion, so erhält man folgende Zeitformel:

$$GRZ = -42{,}35 + 112{,}88 \cdot \lg ABS + 0{,}14 \cdot HUB + 7{,}21 \cdot TEZA$$

Bild 66 gibt einen Überblick über die Entwicklung der Residuen e_i als Differenz zwischen beobachteter und geschätzter Grundzeit. Je kleiner die Residuen sind, desto besser ist Anpassungsgüte der gewählten Regressionsfunktion. Weiterhin kann geprüft werden, ob die Abweichungen zufällig oder systematisch sind. Bild 66 zeigt, daß die Anpassungsgüte ausreichend gut ist und Abweichungen zufällig um Null schwanken.

Das Bestimmtheitsmaß beträgt jetzt 96,7 % gegenüber

- 65,6 % bei einfacher linearer Regression mit der Einflußgröße Abschliff,
- 82,3 % bei einfacher nichtlinearer Regression mit der Einflußgröße Abschliff,
- 95,1 % bei mehrfacher linearer Regression mit den Einflußgrößen Abschliff, Hublänge und Teilungszahl.

Die Standardabweichungen der Regressionskoeffizienten für die einzelnen Merkmale sind für

5.4 Regressionsrechnung — Planzeitermittlung

ABS : 7,6
HUB : 0,039
TEZA : 1,23

Die Testgrößen t_{BEOB} sind entsprechend für

ABS : 14,85
HUB : 3,58
TEZA : 5,87

und zeigen, daß die Koeffizienten der einbezogenen Einflußgrößen mit einer Aussagewahrscheinlichkeit von 95% von Null verschieden sind.

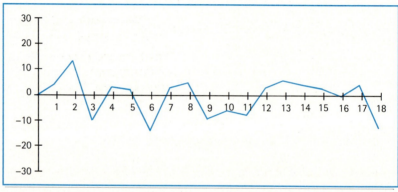

Bild 66 Residuen der mehrfachen linearen Regression

Die Vertrauensbereiche für die Regressionskoeffizienten der einzelnen Variablen können bei 95%iger Aussagewahrscheinlichkeit ebenfalls ausgewiesen werden. Sie betragen für die Regressionskoeffizienten der jeweiligen Einflußgröße:

ABS : 112,88 ± 16,93
HUB : 0,139 ± 0,087
TEZA : 7,21 ± 2,74

Die Verwendung als Planzeitformel wird am Beispiel des fünften Fräsers gezeigt. Setzt man für die Einflußgrößen

Abschliff ABS = 0,5 mm
Hublänge HUB = 210 mm
Teilungszahl TEZA = 12

in die Planzeitformel ein, so erhält man

$$GRZ = -42{,}35 + 112{,}88 \cdot \lg 0{,}5 + 0{,}14 \cdot 210 + 7{,}21 \cdot 12 = 39{,}6 \text{ mm}$$

als Planzeit.

Einführung — Trendrechnung — 5.5

5.5 Trendrechnung

Eine wichtige Aufgabe zur Vorbereitung von unternehmerischen Entscheidungen ist die **Prognose**, d.h. eine Einschätzung der zukünftigen Entwicklung, z.B. von Umsätzen in einem Industriebetrieb, von Kosten, von Absatzmengen für bestimmte Artikel. Grundlage der Prognose ist die Betrachtung der interessierenden Merkmale über einen Zeitraum in der Vergangenheit, daraus kann eine Aussage über die zukünftige Entwicklung abgeleitet werden. Voraussetzung dazu ist allerdings, daß zufällige Schwankungen in der Vergangenheit, nicht berücksichtigt werden. Es soll oft lediglich eine durchschnittliche, langfristige Entwicklung vorhergesagt werden, d.h. es soll der **Trend** festgestellt werden. Einflußgröße ist also nunmehr die Zeit, d.h. es liegt eine **Zeitreihe** vor.

Anwendungsbereiche der Trendrechnung

Zur Analyse der zeitlichen Entwicklung werden verschiedene Methoden verwendet:

- Methode der gleitenden Durchschnitte
- Trendextrapolation
- Methode der exponentiellen Glättung

> **Mit der Methode gleitender Durchschnitt werden fortlaufend benachbarte Werte zu jeweiligen Durchschnittswerten zusammengefaßt. Die Reihe der Durchschnittswerte über den beobachteten Zeitraum gibt die Trendentwicklung wieder.**

Methode der gleitenden Durchschnitte

Beispiel: Die Absatzmenge eines Markenartikels in einem Warenhaus werden im Zeitraum 1. Quartal 1988 bis 4. Quartal 1992 festgestellt (Bild 67).

Beispiel

Bei der Durchschnittsbildung sind verschiedene Stufen zu unterscheiden:
  Gleitende Dreier-Durchschnitte
  Gleitende Vierer-Durchschnitte usw.

Gleitende Dreier-Durchschnitte werden dadurch gebildet, daß
- im 1. Schritt

$$y'_2 = \frac{y_1 + y_2 + y_3}{3} = \frac{317 + 322 + 324}{3} = 321$$

5.5 Trendrechnung — Einführung

Quartal/Jahr	Zeit t_i	Absatzmenge in Stück y_i	Gleitender 3er-Durchschnitt y'_i	Gleitender 4er Durchschnitt y'_i
I /88	1	317	–	–
II /88	2	322	321,0	–
III /88	3	324	324,7	324,9
IV /88	4	328	328,7	329,0
I /89	5	334	333,3	333,0
II /89	6	338	337,3	337,4
III /89	7	340	341,7	341,6
IV /89	8	347	345,3	345,8
I /90	9	349	350,7	350,5
II /90	10	356	355,0	355,3
III /90	11	360	360,3	360,6
IV /90	12	365	366,3	367,0
I /91	13	374	373,7	373,5
II /91	14	382	380,7	380,0
III /91	15	386	386,3	385,6
IV /91	16	391	390,0	390,1
I /92	17	393	394,3	394,8
II /92	18	399	399,3	399,6
III /92	19	406	405,0	–
IV /92	20	410	–	–

Bild 67 Quartalsdaten für die Absatzentwicklung und gleitende Durchschnitte

- im 2. Schritt

$$y'_3 = \frac{y_2 + y_3 + y_4}{3} = \frac{322 + 324 + 328}{3} = 324,7$$

usw.

errechnet wird (siehe Bild 67).

Gleitende Vierer-Durchschnitte werden dadurch gebildet, daß
- im 1. Schritt

$$y'_3 = \frac{0,5\, y_1 + y_2 + y_3 + y_4 + 0,5\, y_5}{4} = \frac{1\,299,50}{4} = 324,9$$

Trendextrapolation   **Trendrechnung**   **5.5**

- im 2. Schritt

$$y'_4 = \frac{0{,}5y_1 + y_2 + y_3 + y_4 + y_5 + 0{,}5\,y_6}{4} = \frac{1316{,}00}{4} = 329{,}0$$

errechnet wird.

Bei geradzahliger Durchschnittsbildung muß eine ungerade Zahl von Meßwerten (im obigen Beispiel 5 Werte) einbezogen werden, da der Durchschnittswert y'_1 der Einflußgröße t nicht direkt zuzuordnen wäre (im Fall der Viererdurchschnitte läge der erste Durchschnittswert **zwischen** dem 2. und 3. Wert).

Die Methode der gleitenden Durchschnitte eignet sich allerdings nicht zur Prognose, da hier keine mathematische Funktion ermittelt wird, die auch im Prognosezeitraum verwendet werden kann; es wird lediglich eine Folge von geglätteten Werten errechnet. Im Gegensatz zur Methode der gleitenden Durchschnitte wird bei der Trendextrapolation die Methode der kleinsten Quadrate angewendet. Dazu wird eine mathematische Funktion, z.B. eine Gerade

$$y = a + bx$$

benötigt. Nunmehr ist jedoch nicht mehr x die Einflußgröße, sondern die Zeit t, so daß sich folgende einfache Regressionsfunktion ergibt:

$$\boxed{y = a + bt}$$

mit

    y: Zielgröße (Absatzmenge)
    t: Einflußgröße (Zeit)

Trendextrapolation ist die Fortschreibung der Vergangenheitsentwicklung mit Hilfe einer geeigneten mathematischen Funktion.   Trendextrapolation

Analog zur Vorgehensweise bei der Regressionsrechnung werden die unbekannten Regressionskoeffizienten a und b ermittelt. Einflußgröße ist die Zeit mit $t_i = 1, 2, ..., T$ (transformierte Werte), denn für die Rechnung können die Werte I/88, II/88, ... nicht verwendet werden.

5.5 Trendrechnung — Trendextrapolation

Den **Regressionskoeffizienten** b errechnet man aufgrund der Beziehung:

$$b = \frac{T \sum_{i=1}^{T} t_i y_i - \sum_{i=1}^{T} t_i \sum_{i=1}^{T} y_i}{T \sum_{i=1}^{T} t_i^2 - \left(\sum_{i=1}^{T} t_i\right)^2}$$

Mit

$$\sum_{i=1}^{T} t_i = 210$$

$$\sum_{i=1}^{T} t_i^2 = 2870$$

$$\sum_{i=1}^{T} t_i y_i = 79\,173$$

$$\sum_{i=1}^{T} y_i = 7221$$

ergibt sich:

$$b = \frac{T \sum_{i=1}^{T} t_i y_i - \sum_{i=1}^{T} t_i \sum_{i=1}^{T} y_i}{T \sum_{i=1}^{T} t_i^2 - \left(\sum_{i=1}^{T} t_i\right)^2} = \frac{20 \cdot 79\,173 - 210 \cdot 7\,221}{20 \cdot 2\,870 - 210^2} = 5{,}04$$

Der Regressionskoeffizient a errechnet sich nach der Formel:

$$a = \bar{y} - b\bar{t}$$

Im Beispiel ist

$$a = \bar{y} - b\bar{t} = 361{,}05 - 5{,}04 \cdot 10{,}5 = 308{,}12$$

Trendgleichung

Damit erhält man folgende Trendgleichung:

$$y = a + b\,t = 308{,}12 + 5{,}04 \cdot t$$

Diese Trendgleichung läßt sich zur **Prognose**, zu einer **Trendextrapolation** verwenden, wenn man annehmen kann, daß sich die Regressionskoeffizienten a und b auch im Prognosezeitraum voraussichtlich nicht ändern werden.

Trendfunktion **Trendrechnung** 5.5

Für den Prognosezeitpunkt $T+1$ (Beobachtungszeitraum $t = 1,2...,T$) kann man dann einsetzen:

$y_{T+1} = a + b(T+1)$

Für den Prognosezeitpunkt $T+2$ gilt:

$y_{T+2} = a + b(T+2)$

Im Beispiel erhält man für den Zeitpunkt IV. Quartal 1993 ($T + 4 = 24$) folgenden Prognosewert:

$y = 308{,}12 + 5{,}04 \cdot (T+4) = 308{,}12 + 5{,}04 \cdot 24 = 429$

Neben der linearen Regressionsfunktion werden in der Praxis eine Reihe anderer Ansätze, wie kubische, exponentielle und logistische Trendfunktionen verwendet (siehe Bild 68).

Trendfunktionen

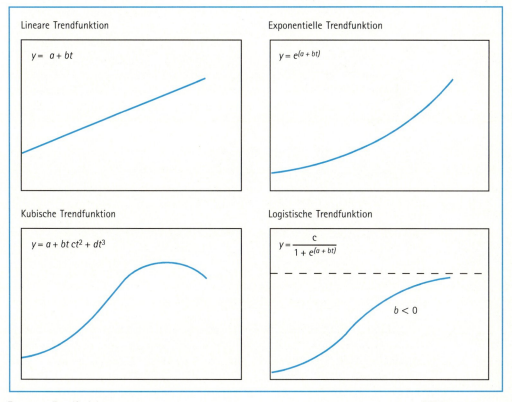

Typen von Trendfunktionen   Bild 68

5.5 Trendrechnung — exponentielle Glättung

Bei der Trendrechnung mit Hilfe der Methode der kleinsten Quadrate wurden alle beobachteten Werte mit dem gleichen Gewicht in die Rechnung einbezogen. Dies ist dann besonders nachteilig, wenn viele Meßwerte zur Verfügung stehen und damit die neuesten Meßwerte keine stärkere Gewichtung erfahren als die zeitlich weiter zurückliegenden Beobachtungen. Diesen Nachteil vermeidet die Methode der **exponentiellen Glättung**. Hier werden die Meßwerte der Vergangenheit unterschiedlich gewichtet: Das stärkste Gewicht erhält der jüngste Meßwert, das zweitstärkste Gewicht der zweitjüngste Meßwert, usw.

exponentielle Glättung

> **In der Methode der exponentiellen Glättung werden die Meßwerte mit exponentiell abnehmendem Gewicht berücksichtigt.**

Als Beispiel wird wiederum die Zeitreihe für die Absatzentwicklung verwendet.

Man unterscheidet zwischen

- exponentieller Glättung 1. Ordnung und
- exponentieller Glättung 2. Ordnung (Berücksichtigung eines linearen Trends).

Glättung erster Ordnung

Bei der exponentiellen Glättung 1. Ordnung wird ein gewichtetes arithmetisches Mittel aus den Vergangenheitswerten gebildet, wobei der Meßwert zum Zeitpunkt t mit der „Glättungskonstante" A, der Meßwert zum Zeitpunkt $t-1$ mit $A(1-A)$, der Meßwert zum Zeitpunkt $t-2$ mit $A(1-A)^2$, usw. gewichtet werden:

$$\bar{y}_t^{(1)} = Ay_t + A(1-A)y_{t-1} + A(1-A)^2 y_{t-2} + \ldots$$

Setzt man die Gleichung

$$\bar{y}_{t-1}^{(1)} = Ay_{t-1} + A(1-A)y_{t-2} + A(1-A)^2 y_{t-3} + \ldots$$

in die erste Gleichung ein, so erhält man folgende Formel für den geglätteten Wert 1. Ordnung:

$$\bar{y}_t^{(1)} = Ay_{t-1} + A(1-A)\bar{y}_{t-1}^{(1)}$$

Ein kleiner Wert von A (z.B. $A = 0{,}1$) bewirkt eine fast gleichmäßige Verteilung der Gewichte über den Zeitraum; ein großer Wert von A (z.B. $A = 0{,}5$) ergibt eine stärkere Gewichtung der jüngsten Meßwerte. In der Praxis wird A zwischen 0,01 und 0,3 gewählt.

exponentielle Glättung   **Trendrechnung**   **5.5**

Zeit	Absatzmenge in Stück	Geglätteter Wert 1. Ordnung	Geglätteter Wert 2. Ordnung	Prognosewert
t	y_t	$\bar{y}_t^{(1)}$	$\bar{y}_t^{(2)}$	$\hat{y}_{t+1}$
1	317	–	–	–
2	322	–	–	–
3	324	320,6	319,8	–
4	328	322,5	320,5	–
5	334	325,4	321,7	325,2
6	338	328,5	323,4	330,3
7	340	331,4	325,4	335,3
8	347	335,3	327,9	339,4
9	349	338,7	330,6	345,2
10	356	343,0	333,7	349,6
11	360	347,3	337,1	355,5
12	365	351,7	340,7	360,9
13	374	357,3	344,9	366,3
14	382	363,5	349,5	373,8
15	386	369,1	354,4	382,0
16	391	374,6	359,5	388,7
17	393	379,2	364,4	394,7
18	399	384,1	369,3	398,9
19	406	389,6	374,4	403,9
20	410	394,7	379,5	409,9

Quartalsdaten für die Absatzentwicklung und exponentielle Glättung 1. und 2. Ordnung   Bild 69

Im Beispiel (Bild 69) wird $A = 0{,}25$ gewählt. Dann ergibt sich der geglättete Wert 1. Ordnung des 3. Zeitpunktes ($t = 3$) $\bar{y}_3^{(1)}$:

$$\bar{y}_3^{(1)} = 0{,}25 \cdot 324 + (1 - 0{,}25)\, \bar{y}_2^{(1)}$$
$$= 0{,}25 \cdot 324 + (1 - 0{,}25) \cdot \frac{317 + 322}{2} = 320{,}6$$

Als Startwert $\bar{y}_2^{(1)}$ wird dabei das arithmetische Mittel zwischen den beiden ersten Absatzmengen gewählt. Für den 4. Zeitpunkt ergibt sich entsprechend:

$$\bar{y}_4^{(1)} = 0{,}25 \cdot 328 + (1 - 0{,}25) \cdot \bar{y}_3^{(1)} = 322{,}5$$

5.5 Trendrechnung — exponentielle Glättung

Glättung zweiter Ordnung

Ist die Zeitreihenentwicklung durch einen **linearen** Trend gekennzeichnet, so wird das Verfahren der exponentiellen Glättung zweiter Ordnung angewendet. Folgende Schritte sind erforderlich:

1) Es wird pro Zeitpunkt ein geglätteter Wert 1. Ordnung berechnet.

$$\bar{y}_t^{(1)} = A y_t + (1 - A)\bar{y}_{t-1}^{(1)}$$

2) Es wird pro Zeitpunkt ein geglätteter Wert 2. Ordnung berechnet.

$$\bar{y}_t^{(2)} = A \bar{y}_t^{(1)} + (1 - A)\bar{y}_{t-1}^{(2)}$$

$$\bar{y}_3^{(2)} = 0{,}25\, \bar{y}_3^{(1)} + (1 - 0{,}25)\, \bar{y}_2^{(2)}$$
$$= 0{,}25 \cdot 320{,}6 + (1 - 0{,}25) \cdot \frac{317 + 322}{2}$$
$$= 319{,}8$$

Als Startwert (Anfangswert) $\bar{y}_2^{(2)}$ wird ebenfalls das arithmetische Mittel aus den ersten beiden Absatzmengen verwendet. Für den nächsten Wert ergibt sich dann:

$$\bar{y}_4^{(2)} = 0{,}25 \cdot 322{,}47 + (1 - 0{,}25) \cdot 319{,}8$$
$$= 320{,}5$$

3) Die Prognosewerte errechnen sich mit τ als Anzahl der Prognoseperioden aus der Formel:

$$\hat{y}_{t+\tau} = a_t + b_t \tau$$

mit

$$a_t = 2\bar{y}_t^{(1)} - \bar{y}_t^{(2)}$$
$$b_t = \frac{A}{1 - A}(\bar{y}_t^{(1)} - \bar{y}_t^{(2)})$$

Beispiel: Der Prognosewert für das III. Quartal 1993 ergibt sich wie folgt: Da das IV. Quartal 1992 einem Wert t = 20 entspricht, ist für das III. Quartal 1993 t + τ = 23, d.h. in der Prognose-Formel ist τ = 3.

Mit

$$a_t = 2 \cdot \bar{y}_t^{(1)} - \bar{y}_t^{(2)}$$
$$= 2 \cdot 394{,}7 - 379{,}5$$
$$= 409{,}9$$

und

$$b_t = \frac{A}{1-A} \bar{y}_t^{(1)} - \bar{y}_t^{(2)}$$
$$= \frac{0{,}25}{0{,}75} \cdot (394{,}7 - 379{,}5)$$
$$= 5{,}1$$

ergibt sich folgender Prognosewert für das III. Quartal 1993:

$$\hat{y}_{III/93} = 409{,}93 + 5{,}08 \cdot 3$$
$$= 425{,}2$$

Das bedeutet: Aufgrund der Prognose erwartet man für das III. Quartal 1993 ein Absatzmenge von 425 Stück.

Kapitel 6

Zahlen, Methoden und Interpretationen in der Statistik

Die Anwendung der Statistik fördert einerseits den wissenschaftlichen Fortschritt durch Analyse und Prüfung von Zusammenhängen, andererseits trägt Statistik zur Begründung praktischer Entscheidungen, beispielsweise durch Analyse von Entwicklungstrends und Entdeckung von Ursache-Wirkungs-Zusammenhängen entscheidend bei. Der Nutzen von Statistik wird jedoch oftmals dadurch vermindert, daß die Datensammlung, die Auswahl der Methoden und vor allem die Interpretation der Ergebnisse nicht sorgfältig genug vorgenommen werden. Die Anwendung einer noch so komplexen Methode hilft nicht weiter, wenn einige einfache, plausible Grundregeln für das Arbeiten mit Daten und statistischen Kennzahlen nicht beachtet werden:

Nutzen von Statistik

- Bei der Datensammlung ist zunächst vor allem die Definition des Untersuchungsgegenstandes bedeutsam. So ist beispielsweise in einer Analyse eindeutig festzulegen, welcher Einkommensbegriff Verwendung findet. Ist es das Bruttoeinkommen, das Nettoeinkommen, das steuerpflichtige Einkommen, das Einkommen mit oder ohne Transferzahlungen? Wann wird eine Person als arbeitslos bezeichnet? Unterscheidet sich die statistische und inhaltliche Bedeutung dieses Begriffs? Vergleiche und Interpretationen können nur dann sinnvoll sein, wenn eine klare Begriffsabgrenzung erfolgt ist.

Definition des Untersuchungsgegenstandes

- Messungen sind stets fehlerbehaftet, und auch beim Zählen, z.B. im Rahmen der Qualitätskontrolle kommen Fehler vor. Deshalb ist es sicherlich auch nicht zweckmäßig, Ergebnisse von statistischen Analysen, z.B. einen Mittelwert oder eine Standardabweichung nicht mit einer unrealistischen Genauigkeit auszuweisen. Krämer (1991) spricht hier von einer „Illusion der Präzision".

Fehler bei Messungen

- Bei der Datenauswertung spielt die Wahl der Bezugsbasis eine entscheidende Rolle. Beispielsweise kann für die Bewertung der Preisentwicklung als Vergleichsmaßstab der vorherige Monat des betrachteten Jahres oder der entsprechende Monat des Vorjahres gewählt werden. Diese Auswahl kann zu unterschiedlichen Aussagen führen. Ein anderes Beispiel: Ein Einzelhändler kauft ein Produkt für 100 DM und verkauft dieses für 200 DM. Wie groß ist die Handelsspanne? Sie ist 100%, wenn die Basis 100 DM zugrundegelegt wird; sie beträgt 50%, wenn als Vergleichsbasis 200 DM gewählt wird.

Wahl der Bezugsbasis

6 Zahlen, Methoden und Interpretationen der Statistik

Auch die folgende Feststellung „40% der jährlichen Sportunfälle werden durch Fußballspieler, 10% durch Handballspieler und 8% durch Alpin-Skifahrer verursacht" ist mißverständlich, wenn als Bezugsbasis hier die gesamte Zahl der jährlichen Sportunfälle gewählt wurde. Unberücksichtigt bleibt bei dieser Berechnung, daß die Anzahl fußballspielender Personen weit größer ist als die der Alpin-Skifahrer. Zudem ist die Häufigkeit der Ausübung der beiden Sportarten sehr unterschiedlich.

graphische Darstellungen
- Auch graphische Darstellungen sind mit Vorsicht zu interpretieren. Je nach gewähltem Maßstab kann beispielsweise eine Umsatzentwicklung steiler oder flacher verlaufen, können Vergleiche zwischen Marktanteilen von Unternehmen optisch größere oder kleinere Unterschiede aufweisen.

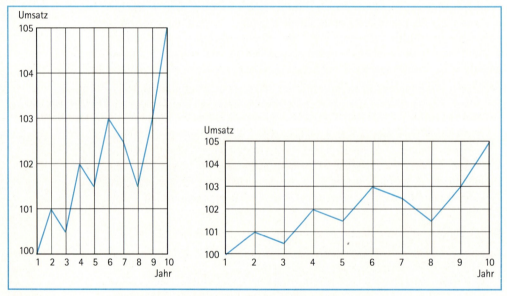

Bild 70   Unterschiedliche graphische Darstellungsformen

Wahl der Analyse-Methode
- Sorgfalt ist auch bei der Wahl der Analyse-Methode geboten. So ist beispielsweise bei asymmetrisch verteilten Merkmalen, wie Einkommen und Vermögen, zwischen dem arithmetischen Mittel und dem Zentralwert als Lagemaß zu wählen. Ist das Volkseinkommen in einem Land auf eine kleine Schicht reicher Familien konzentriert, so liegt das Durchschnittseinkommen pro Kopf – berechnet auf der Grundlage des arithmetischen Mittels – sehr hoch, kann aber wohl keine besonders aussagekräftige Information sein. Eher schon ist hier der Zentralwert heranzuziehen, der die einzelnen Personen oder Haushalte gleichgewichtig in die Berechnung einbezieht.

Zahlen, Methoden und Interpretationen der Statistik

So einfach die Berechnung der Lagemaße mathematisch auch sein mag, auch hierbei ergeben sich einige inhaltliche Probleme. So stellt sich beispielsweise die Frage, ob bei dem Vergleich der Sicherheit von Bahn und Flugzeug auf Passagier-Stunden oder Passagier-Kilometer bezogen werden soll. Wählt man als Bezugsbasis 1 Mrd. Passagier-Kilometer, so sind bei der Bahn 0,9, beim Flugzeug 0,3 Tote festzustellen. Demgegenüber beträgt pro 1 Mill. Passagier-Stunden die Anzahl der Verkehrstoten bei der Bahn 0,07 beim Flugzeug 0,24 (Krämer 1991, S. 57)

- Auch bei der Interpretation von Korrelations- und Regressionsrechnungen ist Vorsicht geboten, denn es kann sich um Scheinkorrelationen handeln, die zu inhaltlich falschen, beziehungsweise unsinnigen Schlußfolgerungen führen können. „Die negative Korrelation von Weizenpollenallergien und Weizenpreis, über die aus den Staaten des mittleren Westens der USA berichtet wird, entsteht durch das Wetter: Wenn der Weizen wegen des guten Wetters gut gedeiht und heftig blüht, sinkt, wie jeder Ökonomiestudent im ersten Semester lernt, aufgrund des hohen Angebots der Preis. Bei unverheirateten Tanten und Calciumgehalt wie auch bei Schuhgröße und Handschrift ist das Alter der jeweiligen Person der Bösewicht. Junge Menschen haben mehr unverheiratete Tanten als ältere, dafür in den Knochen weniger Calcium. Ältere Schüler haben größere Füße und eine schönere Handschrift" (Krämer 1991, S. 127). Die Zeit ist jedoch die wichtigste Hintergrund-Variable. Da in allen westlichen Industrie-Nationen das Volkseinkommen stetig gestiegen ist, ist dieses mit allen Größen, die in dieser Zeit ebenfalls gestiegen sind, wie Mord, Totschlag, Verkehrsunfälle oder Ehescheidungen korreliert. Daraus jedoch Kausalitäten abzuleiten, wäre doch wohl unsinnig.

Scheinkorrelation

Die in diesem Teil der Methodenlehre der Betriebsorganisation behandelten statistischen Methoden sind nur ein Ausschnitt aus den vielfältigen Methoden der Statistik. Beispielsweise wurden die Methoden für Lebensdauer-Analysen und Zuverlässigkeitsprüfungen nicht behandelt, ebenso konnten die Methoden zur Planung und Gestaltung von Versuchen (Varianzanalyse) nicht dargestellt werden.

Zukunftsperspektiven

In der Zukunft werden die Methoden der Statistik sicherlich immer bedeutsamer. Durch die Anwendung der Personalcomputer können selbst sehr komplexe Methoden ohne großen Zeitaufwand angewendet werden, Zudem stehen leistungsfähige Softwareprogramme zur Verfügung, die für die Wissenschaft und für die Praxis ein breites Spektrum an statistischen Methoden anbieten.

Literatur

Bamberg, G., Baur, F.: Statistik. München: Oldenbourg, 1980

Bleymüller, J., Gehlert, G.: Statistik für Wirtschaftswissenschaftler. München: Vahlen, 1985

Bohley, P.: Statistik. München: Oldenbourg, 1985

Clauß, G., Ebner, H.: Grundlagen der Statistik. Frankfurt/M.: Deutsch, 1985

Enrick, N. L., Schäfer, W.: Entscheidungsorientierte Statistik. Grundlagen zur unternehmerischen Willensbildung. Heidelberg: Sauer, 1974

Hackl, P., Katzenbeisser, W., Panny, W.: Statistik: Lehrbuch mit Übungsaufgaben. München: Oldenbourg, 1981

Haller-Wedel, E.: Messen, Zählen, Auswerten und Beurteilen. München: Hanser, 1967

Hansen, G.: Methodenlehre der Statistik. München: Vahlen, 1977

Hartung, J., Elpelt, B.: Multivariate Statistik. Lehr- und Handbuch der angewandten Statistik. München: Oldenbourg, 1986

Hartung, J., Elpelt, B., Klösener, K.-H.: Statistik. Lehr- und Handbuch der angewandten Statistik. München: Oldenbourg, 1982

Heinold, J., Gaede, K.-W.: Zufall und Gesetz. Eine Einführung in die Wahrscheinlichkeitsrechnung und Statistik für Fachhochschulen. München: Oldenbourg, 1974

Hochstädter, D.: Einführung in die statistische Methodenlehre, Frankfurt/M.: Deutsch, 1987

John, B.: Statistische Verfahren für technische Meßreihen. München, Wien: Hanser, 1979

Kellerer, H.: Statistik im modernen Wirtschafts- und Sozialleben. Reinbek: Rowohlt, 1976

Krämer, W.: So lügt man mit Statistik. Frankfurt, 1991

Kreyszig, E.: Statistische Methoden und ihre Anwendungen. Göttingen: Vandenhoeck & Ruprecht, 1968

Krug, W., Nourney, M.: Wirtschafts- und Sozialstatistik. München: Oldenbourg, 1987

Leiner, B.: Einführung in die Statistik. München: Oldenbourg, 1980

Linder, A., Berchthold, W.: Elementare statistische Methoden. Basel: Birkhäuser, 1979

Mevert, P.: Untersuchung über die Genauigkeit von Multimomentstudien. Köln-Opladen: Westdeutscher Verlag, 1964

Rinne, H., Mittag, H.-J.: Statistische Methoden der Qualitätssicherung. München: Hanser, 1989

Roberts, H. V., Wallis, W. A.: Methoden der Statistik. Freiburg: Rudolf Haufe, 1959

Rüger, B.: Induktive Statistik. München: Oldenbourg, 1985

Sachs, L.: Statistische Methoden. Heidelberg: Springer, 1991

Schaich, E., Köhle, D., Schreiber, W., Wagner, F.: Statistik. München, Band I, 1974, Band II, 1975

Schaich, E.: Schätz- und Testmethoden für Sozialwissenschaftler. München: Vahlen, 1977

Schulze, P.: Beschreibende Statistik. München: Oldenbourg, 1990

Stange, K.: Angewandte Statistik. Teil I: Eindimensionale Probleme. Berlin: Springer, 1970

Stange, K.: Angewandte Statistik. Teil II: Mehrdimensionale Statistik. Berlin: Springer, 1970

Tabellen

Tabelle 1 Verteilungsfunktion der standardisierten Normalverteilung
Tabelle 2 Kritische Werte der t-Verteilung
Tabelle 3 Kritische Werte der χ^2-Verteilung
Tabelle 4 Kritische Werte der $D_{1-\alpha;\,n}$ für den Kolmogorov-Smirnov-Test
Tabelle 5 Kritische Werte $A_{1-\alpha;\,n}$ für den Ausreißertest nach David-Hartley-Pearson
Tabelle 6 Kritische Werte zur Berechnung von Eingriffsgrenzen bei Regelkarten ($1 - \alpha = 99{,}73\,\%$)
Tabelle 7 Kritische Werte der F-Verteilung bei $(1 - \alpha) = 95\,\%$

Tabellen

Tabelle 1   Verteilungsfunktion der standardisierten Normalverteilung

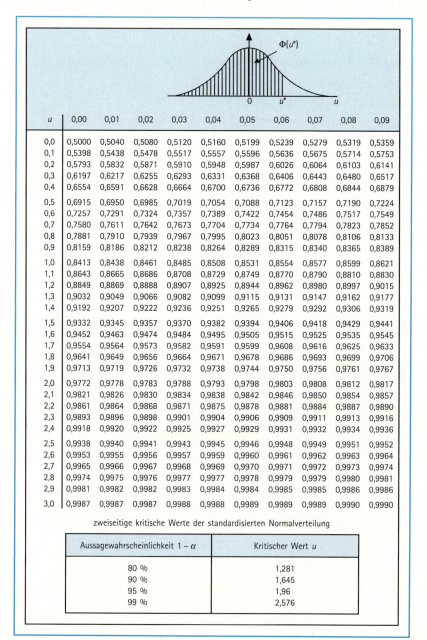

u	0,00	0,01	0,02	0,03	0,04	0,05	0,06	0,07	0,08	0,09
0,0	0,5000	0,5040	0,5080	0,5120	0,5160	0,5199	0,5239	0,5279	0,5319	0,5359
0,1	0,5398	0,5438	0,5478	0,5517	0,5557	0,5596	0,5636	0,5675	0,5714	0,5753
0,2	0,5793	0,5832	0,5871	0,5910	0,5948	0,5987	0,6026	0,6064	0,6103	0,6141
0,3	0,6197	0,6217	0,6255	0,6293	0,6331	0,6368	0,6406	0,6443	0,6480	0,6517
0,4	0,6554	0,6591	0,6628	0,6664	0,6700	0,6736	0,6772	0,6808	0,6844	0,6879
0,5	0,6915	0,6950	0,6985	0,7019	0,7054	0,7088	0,7123	0,7157	0,7190	0,7224
0,6	0,7257	0,7291	0,7324	0,7357	0,7389	0,7422	0,7454	0,7486	0,7517	0,7549
0,7	0,7580	0,7611	0,7642	0,7673	0,7704	0,7734	0,7764	0,7794	0,7823	0,7852
0,8	0,7881	0,7910	0,7939	0,7967	0,7995	0,8023	0,8051	0,8078	0,8106	0,8133
0,9	0,8159	0,8186	0,8212	0,8238	0,8264	0,8289	0,8315	0,8340	0,8365	0,8389
1,0	0,8413	0,8438	0,8461	0,8485	0,8508	0,8531	0,8554	0,8577	0,8599	0,8621
1,1	0,8643	0,8665	0,8686	0,8708	0,8729	0,8749	0,8770	0,8790	0,8810	0,8830
1,2	0,8849	0,8869	0,8888	0,8907	0,8925	0,8944	0,8962	0,8980	0,8997	0,9015
1,3	0,9032	0,9049	0,9066	0,9082	0,9099	0,9115	0,9131	0,9147	0,9162	0,9177
1,4	0,9192	0,9207	0,9222	0,9236	0,9251	0,9265	0,9279	0,9292	0,9306	0,9319
1,5	0,9332	0,9345	0,9357	0,9370	0,9382	0,9394	0,9406	0,9418	0,9429	0,9441
1,6	0,9452	0,9463	0,9474	0,9484	0,9495	0,9505	0,9515	0,9525	0,9535	0,9545
1,7	0,9554	0,9564	0,9573	0,9582	0,9591	0,9599	0,9608	0,9616	0,9625	0,9633
1,8	0,9641	0,9649	0,9656	0,9664	0,9671	0,9678	0,9686	0,9693	0,9699	0,9706
1,9	0,9713	0,9719	0,9726	0,9732	0,9738	0,9744	0,9750	0,9756	0,9761	0,9767
2,0	0,9772	0,9778	0,9783	0,9788	0,9793	0,9798	0,9803	0,9808	0,9812	0,9817
2,1	0,9821	0,9826	0,9830	0,9834	0,9838	0,9842	0,9846	0,9850	0,9854	0,9857
2,2	0,9861	0,9864	0,9868	0,9871	0,9875	0,9878	0,9881	0,9884	0,9887	0,9890
2,3	0,9893	0,9896	0,9898	0,9901	0,9904	0,9906	0,9909	0,9911	0,9913	0,9916
2,4	0,9918	0,9920	0,9922	0,9925	0,9927	0,9929	0,9931	0,9932	0,9934	0,9936
2,5	0,9938	0,9940	0,9941	0,9943	0,9945	0,9946	0,9948	0,9949	0,9951	0,9952
2,6	0,9953	0,9955	0,9956	0,9957	0,9959	0,9960	0,9961	0,9962	0,9963	0,9964
2,7	0,9965	0,9966	0,9967	0,9968	0,9969	0,9970	0,9971	0,9972	0,9973	0,9974
2,8	0,9974	0,9975	0,9976	0,9977	0,9977	0,9978	0,9979	0,9979	0,9980	0,9981
2,9	0,9981	0,9982	0,9982	0,9983	0,9984	0,9984	0,9985	0,9985	0,9986	0,9986
3,0	0,9987	0,9987	0,9987	0,9988	0,9988	0,9989	0,9989	0,9989	0,9990	0,9990

zweiseitige kritische Werte der standardisierten Normalverteilung

Aussagewahrscheinlichkeit $1 - \alpha$	Kritischer Wert u
80 %	1,281
90 %	1,645
95 %	1,96
99 %	2,576

Tabellen

Kritische Werte der *t*-Verteilung Tabelle 2

FG	(1 − α) bzw. (1 − α/2) in %						
	90	95	97,5	99	99,5	99,9	99,95
1	3,078	6,314	12,71	31,82	63,66	318,3	536,6
2	1,886	2,920	4,303	6,965	9,925	22,33	31,60
3	1,638	2,353	3,182	4,541	5,841	10,22	12,94
4	1,533	2,132	2,776	3,747	4,604	7,173	8,610
5	1,476	2,015	2,571	3,365	4,032	5,893	6,859
6	1,440	1,943	2,447	3,143	3,707	5,208	5,959
7	1,415	1,895	2,365	2,998	3,499	4,785	5,405
8	1,397	1,860	2,306	2,896	3,355	4,501	5,041
9	1,383	1,833	2,262	2,821	3,250	4,297	4,781
10	1,372	1,812	2,228	2,704	3,169	4,144	4,587
11	1,363	1,796	2,201	2,718	3,106	4,025	4,437
12	1,356	1,782	2,179	2,681	3,055	3,930	4,318
13	1,350	1,771	2,160	2,650	3,012	3,852	4,221
14	1,345	1,761	2,145	2,624	2,977	3,787	4,140
15	1,341	1,753	2,131	2,602	2,947	3,733	4,073
16	1,337	1,746	2,120	2,583	2,921	3,686	4,015
17	1,333	1,740	2,110	2,567	2,898	3,646	3,965
18	1,330	1,734	2,101	2,552	2,878	3,611	3,922
19	1,328	1,729	2,093	2,539	2,861	3,579	3,883
20	1,325	1,725	2,086	2,528	2,845	3,552	3,850
21	1,323	1,721	2,080	2,518	2,831	3,527	3,819
22	1,321	1,717	2,074	2,508	2,810	3,505	3,792
23	1,319	1,714	2,069	2,500	2,807	3,485	3,767
24	1,318	1,711	2,064	2,492	2,797	3,467	3,745
25	1,316	1,708	2,060	2,485	2,787	3,450	3,725
26	1,315	1,706	2,056	2,479	2,779	3,435	3,707
27	1,314	1,703	2,052	2,473	2,771	3,421	3,690
28	1,113	1,701	2,048	2,467	2,763	3,408	3,674
29	1,311	1,699	2,045	2,462	2,756	3,396	3,659
30	1,310	1,697	2,042	2,457	2,750	3,385	3,646
40	1,303	1,684	2,021	2,423	2,704	3,307	3,551
50	1,298	1,676	2,009	2,403	2,678	3,262	3,495
60	1,296	1,671	2,000	2,390	2,660	3,232	3,460
80	1,292	1,664	1,990	2,374	2,639	3,195	3,415
100	1,290	1,660	1,984	2,365	2,626	3,174	3,369
200	1,286	1,653	1,972	2,345	2,601	3,131	3,339
500	1,283	1,648	1,965	2,334	2,568	3,106	3,310
∞	1,282	1,645	1,960	2,326	2,576	3,090	3,291

Tabellen

Tabelle 3   Kritische Werte der χ^2-Verteilung

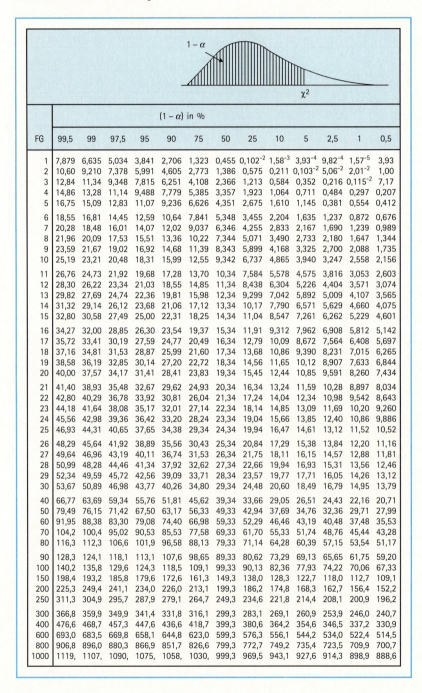

FG	99,5	99	97,5	95	90	75	50	25	10	5	2,5	1	0,5
1	7,879	6,635	5,034	3,841	2,706	1,323	0,455	$0,102^{-2}$	$1,58^{-3}$	$3,93^{-4}$	$9,82^{-4}$	$1,57^{-5}$	3,93
2	10,60	9,210	7,378	5,991	4,605	2,773	1,386	0,575	0,211	$0,103^{-2}$	$5,06^{-2}$	$2,01^{-2}$	1,00
3	12,84	11,34	9,348	7,815	6,251	4,108	2,366	1,213	0,584	0,352	0,216	$0,115^{-2}$	7,17
4	14,86	13,28	11,14	9,488	7,779	5,385	3,357	1,923	1,064	0,711	0,484	0,297	0,207
5	16,75	15,09	12,83	11,07	9,236	6,626	4,351	2,675	1,610	1,145	0,381	0,554	0,412
6	18,55	16,81	14,45	12,59	10,64	7,841	5,348	3,455	2,204	1,635	1,237	0,872	0,676
7	20,28	18,48	16,01	14,07	12,02	9,037	6,346	4,255	2,833	2,167	1,690	1,239	0,989
8	21,96	20,09	17,53	15,51	13,36	10,22	7,344	5,071	3,490	2,733	2,180	1,647	1,344
9	23,59	21,67	19,02	16,92	14,68	11,39	8,343	5,899	4,168	3,325	2,700	2,088	1,735
10	25,19	23,21	20,48	18,31	15,99	12,55	9,342	6,737	4,865	3,940	3,247	2,558	2,156
11	26,76	24,73	21,92	19,68	17,28	13,70	10,34	7,584	5,578	4,575	3,816	3,053	2,603
12	28,30	26,22	23,34	21,03	18,55	14,85	11,34	8,438	6,304	5,226	4,404	3,571	3,074
13	29,82	27,69	24,74	22,36	19,81	15,98	12,34	9,299	7,042	5,892	5,009	4,107	3,565
14	31,32	29,14	26,12	23,68	21,06	17,12	13,34	10,17	7,790	6,571	5,629	4,660	4,075
15	32,80	30,58	27,49	25,00	22,31	18,25	14,34	11,04	8,547	7,261	6,262	5,229	4,601
16	34,27	32,00	28,85	26,30	23,54	19,37	15,34	11,91	9,312	7,962	6,908	5,812	5,142
17	35,72	33,41	30,19	27,59	24,77	20,49	16,34	12,79	10,09	8,672	7,564	6,408	5,697
18	37,16	34,81	31,53	28,87	25,99	21,60	17,34	13,68	10,86	9,390	8,231	7,015	6,265
19	38,58	36,19	32,85	30,14	27,20	22,72	18,34	14,56	11,65	10,12	8,907	7,633	6,844
20	40,00	37,57	34,17	31,41	28,41	23,83	19,34	15,45	12,44	10,85	9,591	8,260	7,434
21	41,40	38,93	35,48	32,67	29,62	24,93	20,34	16,34	13,24	11,59	10,28	8,897	8,034
22	42,80	40,29	36,78	33,92	30,81	26,04	21,34	17,24	14,04	12,34	10,98	9,542	8,643
23	44,18	41,64	38,08	35,17	32,01	27,14	22,34	18,14	14,85	13,09	11,69	10,20	9,260
24	45,56	42,98	39,36	36,42	33,20	28,24	23,34	19,04	15,66	13,85	12,40	10,86	9,886
25	46,93	44,31	40,65	37,65	34,38	29,34	24,34	19,94	16,47	14,61	13,12	11,52	10,52
26	48,29	45,64	41,92	38,89	35,56	30,43	25,34	20,84	17,29	15,38	13,84	12,20	11,16
27	49,64	46,96	43,19	40,11	36,74	31,53	26,34	21,75	18,11	16,15	14,57	12,88	11,81
28	50,99	48,28	44,46	41,34	37,92	32,62	27,34	22,66	19,94	16,93	15,31	13,56	12,46
29	52,34	49,59	45,72	42,56	39,09	33,71	28,34	23,57	19,77	17,71	16,05	14,26	13,12
30	53,67	50,89	46,98	43,77	40,26	34,80	29,34	24,48	20,60	18,49	16,79	14,95	13,79
40	66,77	63,69	59,34	55,76	51,81	45,62	39,34	33,66	29,05	26,51	24,43	22,16	20,71
50	79,49	76,15	71,42	67,50	63,17	56,33	49,33	42,94	37,69	34,76	32,36	29,71	27,99
60	91,95	88,38	83,30	79,08	74,40	66,98	59,33	52,29	46,46	43,19	40,48	37,48	35,53
70	104,2	100,4	95,02	90,53	85,53	77,58	69,33	61,70	55,33	51,74	48,76	45,44	43,28
80	116,3	112,3	106,6	101,9	96,58	88,13	79,33	71,14	64,28	60,39	57,15	53,54	51,17
90	128,3	124,1	118,1	113,1	107,6	98,65	89,33	80,62	73,29	69,13	65,65	61,75	59,20
100	140,2	135,8	129,6	124,3	118,5	109,1	99,33	90,13	82,36	77,93	74,22	70,06	67,33
150	198,4	193,2	185,8	179,6	172,6	161,3	149,3	138,0	128,3	122,7	118,0	112,7	109,1
200	225,3	249,4	241,1	234,0	226,0	213,1	199,3	186,2	174,8	168,3	162,7	156,4	152,2
250	311,3	304,9	295,7	287,9	279,1	264,7	249,3	234,6	221,8	214,4	208,1	200,9	196,2
300	366,8	359,9	349,9	341,4	331,8	316,1	299,3	283,7	269,1	260,9	253,9	246,0	240,7
400	476,6	468,7	457,3	447,5	436,6	418,7	399,3	380,6	364,2	354,6	346,5	337,2	330,9
600	693,0	683,5	669,8	658,1	644,8	623,0	599,3	576,3	556,1	544,2	534,0	522,4	514,5
800	906,8	896,0	880,3	866,9	851,7	826,6	799,3	772,7	749,2	735,4	723,5	709,9	700,7
1000	1119,	1107,	1090,	1075,	1058,	1030,	999,3	969,5	943,1	927,6	914,3	898,9	888,6

Tabellen

Kritische Werte der $D_{1-\alpha;\,n}$ für den Kolmogorov-Smirnov-Test (Quelle: H. W. Lilliefors: On the Kolmogorov-Smirnov-Test für Normality with Mean and Variance Unknown, in: Journal of the American Statistical Association 62 (1967), S. 399-402)

Tabelle 4

Stichprobenumfang n	$(1-\alpha)$ in %		
	90	95	99
4	0,352	0,381	0,417
5	0,315	0,337	0,405
6	0,294	0,319	0,364
7	0,276	0,300	0,348
8	0,261	0,285	0,331
9	0,249	0,271	0,311
10	0,239	0,258	0,294
11	0,230	0,249	0,284
12	0,223	0,242	0,275
13	0,214	0,234	0,268
14	0,207	0,227	0,261
15	0,201	0,220	0,257
16	0,195	0,213	0,250
17	0,189	0,206	0,245
18	0,184	0,200	0,239
19	0,179	0,195	0,235
20	0,174	0,190	0,231
25	0,158	0,173	0,200
30	0,144	0,161	0,187
Näherungsformel für $n > 30$	$\dfrac{0,805}{\sqrt{n}}$	$\dfrac{0,886}{\sqrt{n}}$	$\dfrac{1,031}{\sqrt{n}}$

Tabellen

Tabelle 5 Kritische Werte $A_{1-\alpha;\,n}$ für den Ausreißertest nach David-Hartley-Pearson

Stichproben-umfang n	$(1-\alpha)$ in %			
	90	95	99	99,5
3	1,997	1,999	2,000	2,000
4	2,409	2,429	2,445	2,447
5	2,712	2,753	2,803	2,813
6	2,949	3,012	3,095	3,115
7	3,143	3,222	3,338	3,369
8	3,308	3,399	3,543	3,585
9	3,449	3,552	3,720	3,772
10	3,57	3,685	3,875	3,935
11	3,68	3,80	4,012	4,079
12	3,78	3,91	4,134	4,208
13	3,87	4,00	4,244	4,325
14	3,95	4,09	4,34	4,431
15	4,02	4,17	4,44	4,53
16	4,09	4,24	4,52	4,62
17	4,15	4,31	4,60	4,70
18	4,21	4,37	4,67	4,78
19	4,27	4,43	4,74	4,85
20	4,32	4,49	4,80	4,91
25	4,53	4,71	5,06	5,19
30	4,70	4,89	5,26	5,40
35	4,84	5,04	5,42	5,57
40	4,96	5,16	5,56	5,71
45	5,06	5,26	5,67	5,83
50	5,14	5,35	5,77	5,93
55	5,22	5,43	5,86	6,02
60	5,29	5,51	5,94	6,10
65	5,35	5,57	6,01	6,17
70	5,41	5,63	6,07	6,24
75	5,46	5,68	6,13	6,30
80	5,51	5,73	6,18	6,35
85	5,56	5,78	6,23	6,40
90	5,60	5,82	6,27	6,45
95	5,64	5,86	6,32	6,49
100	5,68	5,90	6,36	6,53
150	5,96	6,18	6,64	6,82
200	6,15	6,39	6,84	7,01
500	6,72	6,94	7,42	7,60
1 000	7,11	7,33	7,80	7,99

Tabellen

Kritische Werte zur Berechnung von Eingriffsgrenzen bei Regelkarten (1 − α = 99,73 %)   Tabelle 6

Kritischer Wert	Stichprobenumfang n						
	2	3	4	5	6	7	10
A_1	1,88	1,02	0,73	0,58	0,48	0,42	0,31
A_2	2,66	1,95	1,63	1,43	1,29	1,18	0,98
B_1	–	–	–	–	0,03	0,12	0,28
B_2	3,27	2,57	2,27	2,09	1,97	1,88	1,72
D_1	–	–	–	–	0,08	0,14	0,26
D_2	3,27	2,58	2,28	2,12	2,00	1,94	1,78

Tabellen

Tabelle 7 Kritische Werte der *F*-Verteilung bei $(1 - \alpha) = 95\%$

FG2	FG1										
	1	2	3	4	5	6	7	8	9	10	11
1	161,4	199,5	215,7	224,6	230,2	234,0	236,8	238,9	240,5	241,9	243,0
2	18,51	19,00	19,16	19,25	19,30	19,33	19,35	19,37	19,38	19,40	19,40
3	10,13	9,55	9,28	9,12	9,01	8,94	8,89	8,85	8,81	8,79	8,76
4	7,71	6,94	6,59	6,39	6,26	6,16	6,09	6,04	6,00	5,96	5,94
5	6,61	5,79	5,41	5,19	5,05	4,95	4,88	4,82	4,77	4,74	4,70
6	5,99	5,14	4,76	4,53	4,39	4,28	4,21	4,15	4,10	4,06	4,03
7	5,59	4,74	4,35	4,12	3,97	3,87	3,79	3,73	3,68	3,64	3,60
8	5,32	4,46	4,07	3,84	3,69	3,58	3,50	3,44	3,39	3,35	3,31
9	5,12	4,26	3,86	3,63	3,48	3,37	3,29	3,23	3,18	3,14	3,10
10	4,96	4,10	3,71	3,48	3,33	3,22	3,14	3,07	3,02	2,98	2,94
11	4,84	3,98	3,59	3,36	3,20	3,09	3,01	2,95	2,90	2,85	2,82
12	4,75	3,89	3,49	3,26	3,11	3,00	2,91	2,85	2,80	2,75	2,72
13	4,67	3,81	3,41	3,18	3,03	2,92	2,83	2,77	2,71	2,67	2,63
14	4,60	3,74	3,34	3,11	2,96	2,85	2,76	2,70	2,65	2,60	2,57
15	4,54	3,68	3,29	3,06	2,90	2,79	2,71	2,64	2,59	2,54	2,51
16	4,49	3,63	3,24	3,01	2,85	2,74	2,66	2,59	2,54	2,49	2,46
17	4,45	3,59	3,20	2,96	2,81	2,70	2,61	2,55	2,49	2,45	2,41
18	4,41	3,55	3,16	2,93	2,77	2,66	2,58	2,51	2,46	2,41	2,37
19	4,38	3,52	3,13	2,90	2,74	2,63	2,54	2,48	2,42	2,38	2,34
20	4,35	3,49	3,10	2,87	2,71	2,60	2,51	2,45	2,39	2,35	2,31
21	4,23	3,47	3,07	2,84	2,68	2,57	2,49	2,42	2,37	2,32	2,28
22	4,30	3,44	3,05	2,82	2,66	2,55	2,46	2,40	2,34	2,30	2,26
23	4,28	3,42	3,03	2,80	2,64	2,53	2,44	2,37	2,32	2,27	2,24
24	4,26	3,40	3,01	2,78	2,62	2,51	2,42	2,36	2,30	2,25	2,22
25	4,24	3,39	2,99	2,76	2,60	2,49	2,40	2,34	2,28	2,24	2,20
26	4,23	3,37	2,98	2,74	2,59	2,47	2,39	2,32	2,27	2,22	2,18
27	4,21	3,35	2,96	2,73	2,57	2,46	2,37	2,31	2,25	2,20	2,17
28	4,20	3,34	2,95	2,71	2,56	2,45	2,36	2,29	2,24	2,19	2,15
29	4,18	3,33	2,93	2,70	2,55	2,43	2,35	2,28	2,22	2,18	2,14
30	4,17	3,32	2,92	2,69	2,53	2,42	2,33	2,27	2,21	2,16	2,13
40	4,08	3,23	2,84	2,61	2,45	2,34	2,25	2,18	2,12	2,08	2,04
50	4,03	3,18	2,79	2,56	2,40	2,29	2,20	2,13	2,07	2,03	1,99
60	4,00	3,15	2,76	2,53	2,37	2,25	2,17	2,10	2,04	1,99	1,95
70	3,98	3,13	2,74	2,50	2,35	2,23	2,14	2,07	2,02	1,97	1,93
80	3,96	3,11	2,72	2,49	2,33	2,21	2,13	2,06	2,00	1,95	1,91
90	3,95	3,10	2,71	2,47	2,32	2,20	2,11	2,04	1,99	1,94	1,90
100	3,94	3,09	2,70	2,46	2,31	2,19	2,10	2,03	1,97	1,93	1,89
150	3,90	3,06	2,66	2,43	2,27	2,16	2,07	2,00	1,94	1,89	1,85
200	3,89	3,04	2,65	2,42	2,26	2,14	2,06	1,98	1,93	1,88	1,84
∞	3,84	3,00	2,60	2,37	2,21	2,10	2,01	1,94	1,88	1,83	1,79

FG1: Freiheitsgrade des Zählers
FG2: Freiheitsgrade des Nenners

Tabellen

Kritische Werte der F-Verteilung bei $(1 - \alpha) = 95\%$

Tabelle 7

FG2	FG1 12	13	14	15	20	30	40	50	100	200	∞
1	234,9	244,7	245,4	245,9	248,0	250,1	251,1	251,8	253,0	253,7	254,3
2	19,41	19,42	19,42	19,43	19,45	19,46	19,47	19,48	19,49	19,49	19,50
3	8,74	8,73	8,71	8,70	8,66	8,62	8,59	8,58	8,55	8,54	8,53
4	5,91	5,89	5,87	5,86	5,80	5,75	5,72	5,70	5,66	5,65	5,63
5	4,68	4,66	4,64	4,62	4,56	4,50	4,46	4,44	4,41	4,39	4,36
6	4,00	3,98	3,96	3,94	3,87	3,81	3,77	3,75	3,71	3,69	3,67
7	3,57	3,55	3,53	3,51	3,44	3,38	3,34	3,32	3,27	3,25	3,23
8	3,28	3,26	3,24	3,22	3,15	3,08	3,04	3,02	2,97	2,95	2,93
9	3,07	3,05	3,03	3,01	2,94	2,86	2,83	2,80	2,76	2,73	2,71
10	2,91	2,89	2,86	2,85	2,77	2,70	2,66	2,64	2,59	2,56	2,54
11	2,79	2,76	2,74	2,72	2,65	2,57	2,53	2,51	2,46	2,43	2,40
12	2,69	2,66	2,64	2,62	2,54	2,47	2,43	2,40	2,35	2,32	2,30
13	2,60	2,58	2,55	2,53	2,46	2,38	2,34	2,31	2,26	2,23	2,21
14	2,53	2,51	2,48	2,46	2,39	2,31	2,27	2,24	2,19	2,16	2,13
15	2,48	2,45	2,42	2,40	2,33	2,25	2,20	2,18	2,12	2,10	2,07
16	2,42	2,40	2,37	2,35	2,28	2,19	2,15	2,12	2,07	2,04	2,01
17	2,38	2,35	2,33	2,31	2,23	2,15	2,10	2,08	2,02	1,99	1,96
18	2,34	2,31	2,29	2,27	2,19	2,11	2,06	2,04	1,98	1,95	1,92
19	2,31	2,28	2,26	2,23	2,16	2,07	2,03	2,00	1,94	1,91	1,88
20	2,28	2,25	2,22	2,20	2,12	2,04	1,99	1,97	1,91	1,88	1,84
21	2,25	2,22	2,20	2,18	2,10	2,01	1,96	1,94	1,88	1,84	1,81
22	2,23	2,20	2,17	2,15	2,07	1,98	1,94	1,91	1,85	1,82	1,78
23	2,20	2,18	2,15	2,13	2,05	1,96	1,91	1,88	1,82	1,79	1,76
24	2,18	2,15	2,13	2,11	2,03	1,94	1,89	1,86	1,80	1,77	1,73
25	2,16	2,14	2,11	2,09	2,01	1,92	1,78	1,84	1,78	1,75	1,71
26	2,15	2,12	2,09	2,07	1,99	1,90	1,85	1,82	1,76	1,73	1,69
27	2,13	2,10	2,08	2,06	1,97	1,88	1,84	1,81	1,74	1,71	1,67
28	2,12	2,09	2,06	2,04	1,96	1,87	1,82	1,79	1,73	1,69	1,65
29	2,10	2,08	2,05	2,03	1,94	1,85	1,81	1,77	1,71	1,67	1,64
30	2,09	2,06	2,04	2,01	1,93	1,84	1,79	1,76	1,70	1,66	1,62
40	2,00	1,97	1,95	1,92	1,84	1,74	1,69	1,66	1,59	1,55	1,51
50	1,95	1,92	1,89	1,87	1,78	1,69	1,63	1,60	1,52	1,48	1,44
60	1,92	1,89	1,86	1,84	1,75	1,65	1,59	1,56	1,48	1,44	1,39
70	1,89	1,86	1,84	1,81	1,72	1,62	1,57	1,53	1,45	1,40	1,35
80	1,88	1,84	1,82	1,79	1,70	1,60	1,54	1,51	1,43	1,38	1,32
90	1,86	1,83	1,80	1,78	1,69	1,59	1,53	1,49	1,41	1,36	1,30
100	1,85	1,82	1,79	1,77	1,68	1,57	1,52	1,48	1,39	1,34	1,28
150	1,82	1,79	1,76	1,73	1,64	1,54	1,48	1,44	1,34	1,29	1,22
200	1,80	1,77	1,74	1,72	1,62	1,52	1,46	1,41	1,32	1,26	1,19
∞	1,75	1,72	1,68	1,67	1,57	1,46	1,39	1,35	1,24	1,17	1,00

Tabellen

Tabelle 8 — Kritische Werte der F-Verteilung bei $(1-\alpha) = 99\%$

FG2	FG1										
	1	2	3	4	5	6	7	8	9	10	11
1	4052,	4999,	5403,	5625,	5764,	5859,	5928,	5981,	6022,	6056,	6083,
2	98,50	99,00	99,17	99,25	99,30	99,33	99,36	99,37	99,39	99,40	99,41
3	34,12	30,82	29,46	28,71	28,24	27,91	27,67	27,49	27,35	27,23	27,13
4	21,20	18,00	16,69	15,98	15,52	15,21	14,98	14,80	14,66	14,55	14,45
5	16,26	13,27	12,06	11,39	10,97	10,67	10,46	10,29	10,16	10,05	9,96
6	13,75	10,92	9,78	9,15	8,75	8,47	8,26	8,10	7,98	7,87	7,79
7	12,25	9,55	8,45	7,85	7,46	7,19	6,99	6,84	6,72	6,62	6,54
8	11,26	8,65	7,59	7,01	6,63	6,37	6,18	6,03	5,91	5,81	5,73
9	10,56	8,02	6,99	6,42	6,06	5,80	5,61	5,47	5,35	5,26	5,18
10	10,04	7,56	6,55	5,99	5,64	5,39	5,20	5,06	4,94	4,85	4,77
11	9,65	7,21	6,22	5,67	5,32	5,07	4,89	4,74	4,63	4,54	4,46
12	9,33	6,93	5,95	5,41	5,06	4,82	4,64	4,50	4,39	4,30	4,22
13	9,07	6,70	5,74	5,21	4,86	4,62	4,44	4,30	4,19	4,10	4,02
14	8,86	6,51	5,56	5,04	4,69	4,46	4,28	4,14	4,03	3,94	3,86
15	8,68	6,36	5,42	4,89	4,56	4,32	4,14	4,00	3,89	3,80	3,73
16	8,53	6,23	5,29	4,77	4,44	4,20	4,03	3,89	3,78	3,69	3,62
17	8,40	6,11	5,18	4,67	4,34	4,10	3,93	3,79	3,68	3,59	3,52
18	8,29	6,01	5,09	4,58	4,25	4,01	3,84	3,71	3,60	3,51	3,43
19	8,18	5,93	5,01	4,50	4,17	3,94	3,77	3,63	3,52	3,43	3,36
20	8,10	5,85	4,94	4,43	4,10	3,87	3,70	3,56	3,46	3,37	3,29
21	8,02	5,78	4,87	4,37	4,04	3,81	3,64	3,51	3,40	3,31	3,24
22	7,95	5,72	4,82	4,31	3,99	3,76	3,59	3,45	3,35	3,26	3,18
23	7,88	5,66	4,76	4,26	3,94	3,71	3,54	3,41	3,30	3,21	3,14
24	7,82	5,61	4,72	4,22	3,90	3,67	3,50	3,36	3,26	3,17	3,09
25	7,77	5,57	4,68	4,18	3,85	3,63	3,46	3,32	3,22	3,13	3,06
26	7,72	5,53	4,64	4,14	3,82	3,59	3,42	3,29	3,18	3,09	3,02
27	7,68	5,49	4,60	4,11	3,78	3,56	3,39	3,26	3,15	3,06	2,99
28	7,64	5,45	4,57	4,07	3,75	3,53	3,36	3,23	3,12	3,03	2,96
29	7,60	5,42	4,54	4,04	3,73	3,50	3,33	3,20	3,09	3,00	2,93
30	7,56	5,39	4,51	4,02	3,70	3,47	3,30	3,17	3,07	2,98	2,91
40	7,31	5,18	4,31	3,83	3,51	3,29	3,12	2,99	2,89	2,80	2,73
50	7,17	5,06	4,20	3,72	3,41	3,19	3,02	2,89	2,78	2,70	2,63
60	7,08	4,98	4,13	3,65	3,34	3,12	2,95	2,82	2,72	2,63	2,56
70	7,01	4,92	4,07	3,60	3,29	3,07	2,91	2,78	2,67	2,59	2,51
80	6,96	4,88	4,04	3,56	3,26	3,04	2,87	2,74	2,64	2,55	2,48
90	6,93	4,85	4,01	3,53	3,23	3,01	2,84	2,72	2,61	2,52	2,45
100	6,90	4,82	3,98	3,51	3,21	2,99	2,82	2,69	2,59	2,50	2,43
150	6,81	4,75	3,91	3,45	3,14	2,92	2,76	2,63	2,53	2,44	2,37
200	6,76	4,71	3,88	3,41	3,11	2,89	2,73	2,60	2,50	2,41	2,34
∞	6,63	4,61	3,78	3,32	3,02	2,80	2,64	2,51	2,41	2,32	2,25

Tabellen

Kritische Werte der F-Verteilung bei (1 − α) = 99 %   Tabelle 8

FG2	FG1									
	12	13	14	15	20	30	40	50	100	200	∞
1	6106,	6126,	6143,	6157,	6209,	6261,	6287,	6303,	6334,	6350,	6366,
2	99,42	99,42	99,43	99,43	99,45	99,47	99,47	99,48	99,49	99,49	99,50
3	27,05	26,98	26,92	26,87	26,69	26,50	26,41	26,35	26,24	26,18	26,13
4	14,37	14,31	14,25	14,20	14,02	13,84	13,75	13,69	13,58	13,52	13,46
5	9,89	9,82	9,77	9,72	9,55	9,38	9,29	9,24	9,13	9,08	9,02
6	7,72	7,66	7,60	7,56	7,40	7,23	7,14	7,09	6,99	6,93	6,88
7	6,47	6,41	6,36	6,31	6,16	5,99	5,91	5,86	5,75	5,70	5,65
8	5,67	5,61	5,56	5,52	5,36	5,20	5,12	5,07	4,96	4,91	4,68
9	5,11	5,05	5,01	4,96	4,81	4,65	4,57	4,52	4,41	4,36	4,31
10	4,71	4,65	4,60	4,56	4,41	4,25	4,17	4,12	4,01	3,96	3,91
11	4,40	4,34	4,29	4,25	4,10	3,94	3,86	3,81	3,71	3,66	3,60
12	4,16	4,10	4,05	4,01	3,86	3,70	3,62	3,57	3,47	3,41	3,36
13	3,96	3,91	3,86	3,82	3,66	3,51	3,43	3,38	3,27	3,22	3,17
14	3,80	3,75	3,70	3,66	3,51	3,35	3,27	3,22	3,11	3,06	3,00
15	3,67	3,61	3,56	3,52	3,37	3,21	3,13	3,08	2,98	2,92	2,87
16	3,55	3,50	3,45	3,41	3,26	3,10	3,02	2,97	2,86	2,81	2,75
17	3,46	3,40	3,35	3,31	3,16	3,00	2,92	2,87	2,76	2,71	2,65
18	3,37	3,32	3,27	3,23	3,08	2,92	2,84	2,78	2,68	2,62	2,57
19	3,30	3,24	3,19	3,15	3,00	2,84	2,76	2,71	2,60	2,55	2,49
20	3,23	3,18	3,13	3,09	2,94	2,78	2,69	2,64	2,54	2,48	2,42
21	3,17	3,12	3,07	3,03	2,88	2,72	2,64	2,58	2,48	2,42	2,36
22	3,12	3,07	3,02	2,98	2,83	2,67	2,58	2,53	2,42	2,36	2,31
23	3,07	3,02	2,97	2,93	2,78	2,62	2,54	2,48	2,37	2,32	2,26
24	3,03	2,98	2,93	2,89	2,74	2,58	2,49	2,44	2,33	2,27	2,21
25	2,99	2,94	2,89	2,85	2,70	2,54	2,45	2,40	2,29	2,23	2,17
26	2,96	2,90	2,86	2,81	2,66	2,50	2,42	2,36	2,25	2,19	2,13
27	2,93	2,87	2,82	2,78	2,63	2,47	2,38	2,33	2,22	2,16	2,10
28	2,90	2,84	2,79	2,75	2,60	2,44	2,35	2,30	2,19	2,13	2,06
29	2,87	2,81	2,77	2,73	2,57	2,41	2,33	2,27	2,16	2,10	2,03
30	2,84	2,79	2,74	2,70	2,55	2,39	2,30	2,25	2,13	2,07	2,01
40	2,66	2,61	2,56	2,52	2,37	2,20	2,11	2,06	1,94	1,87	1,80
50	2,56	2,51	2,46	2,42	2,27	2,10	2,01	1,95	1,83	1,76	1,68
60	2,50	2,44	2,39	2,35	2,20	2,03	1,94	1,88	1,75	1,68	1,60
70	2,45	2,40	2,35	2,31	2,15	1,98	1,89	1,83	1,70	1,62	1,54
80	2,42	2,36	2,31	2,27	2,12	1,94	1,85	1,79	1,66	1,58	1,49
90	2,39	2,33	2,29	2,24	2,09	1,92	1,82	1,76	1,62	1,55	1,46
100	2,37	2,31	2,27	2,22	2,07	1,89	1,80	1,74	1,60	1,52	1,43
150	2,31	2,25	2,20	2,16	2,00	1,83	1,73	1,67	1,52	1,43	1,33
200	2,27	2,22	2,17	2,13	1,97	1,79	1,69	1,63	1,48	1,39	1,28
∞	2,18	2,13	2,08	2,04	1,88	1,70	1,59	1,52	1,36	1,25	1,00

Kritische Werte der F-Verteilung bei (1 − α) = 99 %   Tabelle 7

Formelsammlung

Beschreibende Statistik

Absolute Häufigkeiten

$$\sum_{j=1}^{k} n_j = n$$

Relative Häufigkeiten

$$\sum_{j=1}^{k} h_j = \sum_{j=1}^{k} \frac{n_j}{n} = 1$$

Relative Summenhäufigkeiten

$$F_j = h_1 + h_2 + \ldots + h_j = \sum_{m=1}^{j} h_m$$

Normierte relative Häufigkeit

$$h_j^* = \frac{n_j}{n} \frac{w^*}{w_j}$$

Arithmetischer Mittelwert (Einzelwerte)

$$\bar{x} = \frac{1}{n} \sum_{i=1}^{n} x_i$$

Arithmetischer Mittelwert (klassierte Werte)

$$\bar{x} = \frac{1}{n} \sum_{j=1}^{k} x_j^* n_j$$

Arithmetischer Mittelwert (diskrete Merkmale)

$$\bar{x} = \frac{1}{n} \sum_{j=1}^{k} x_j n_j$$

Formelsammlung   Schließende Statistik

Zentralwert (Median)

$\tilde{x} = x_{\left(\frac{n+1}{2}\right)}$, falls n ungerade ist.

oder

$\tilde{x} = \dfrac{x_{\left(\frac{n}{2}\right)} + x_{\left(\frac{n}{2}+1\right)}}{2}$, falls n gerade ist.

Einfache Spannweite

$R = x_{max} - x_{min}$

Varianz (Streuung)

$s^2 = \dfrac{1}{n-1} \sum\limits_{i=1}^{n} (x_i - \bar{x})^2 = \dfrac{1}{n-1} \left[\sum\limits_{i=1}^{n} x_i^2 - \dfrac{1}{n} \left(\sum\limits_{i=1}^{n} x_i \right)^2 \right]$

Standardabweichung

$s = \sqrt{s^2}$

Variationskoeffizient

$v = \dfrac{s}{\bar{x}} \cdot 100 \; [\%]$

Schließende Statistik

Dichtefunktion der Normalverteilung

$\varphi(x) = \dfrac{1}{\sigma\sqrt{2\pi}} \; e^{-\frac{1}{2}\left(\frac{x-\mu}{\sigma}\right)^2}$

Standardisierung

$u = \dfrac{x - \mu}{\sigma}$

Schließende Statistik — Formelsammlung

Symmetriebeziehung

$\Phi(-u) = 1 - \Phi(u)$

Kolmogorov-Smirnov-Test (Testgröße)

$d = \max \left\{ |F_{(i)} - \Phi[x_i]| \text{ oder } |F_{(i-1)} - \Phi[x_i]| \right\}$

für $1 \leq i \leq n$

χ^2-Anpassungstest (Testgröße)

$\chi^2_{BEOB} = \sum_{j=1}^{k} \dfrac{(n_j - \tilde{n}_j)^2}{\tilde{n}_j}$

Vertrauensbereich für den arithmetischen Mittelwert

$\mu_{UNTEN}^{OBEN} = \bar{x} \pm t \dfrac{s}{\sqrt{n}}$

Relativer Vertrauensbereich

$\varepsilon = \dfrac{t}{\sqrt{n}} \cdot v \, [\%]$

erforderlicher Stichprobenumfang

$n' = \left(\dfrac{t \cdot v}{\varepsilon'} \right)^2$

Vertrauensbereich für die Standardabweichung

$s \sqrt{\dfrac{n-1}{\chi^2_{1-\alpha/2;\, n-1}}} \leq \sigma \leq s \sqrt{\dfrac{n-1}{\chi^2_{\alpha/2;\, n-1}}}$

Vertrauensbereich für die Differenz zweier Mittelwerte

$(\mu_2 - \mu_1)_{UNTEN}^{OBEN} = (\bar{x}_2 - \bar{x}_1) \pm t \cdot s_D$

mit $s_D = \sqrt{\dfrac{(n_1-1)\, s_1^2 + (n_2-1)\, s_2^2}{n_1 + n_2 - 2}} \sqrt{\dfrac{n_1 + n_2}{n_1 n_2}}$

Formelsammlung — Schließende Statistik

Test des arithmetischen Mittelwerts (Testgröße)

$$t_{BEOB} = \frac{\bar{x} - \mu_0}{s} \sqrt{n}$$

Test der Standardabweichung (Testgröße)

$$\chi^2_{BEOB} = \frac{(n-1)\, s^2}{\sigma_0^2}$$

Zweistichproben-Test für die Differenz zweier arithmetischer Mittelwerte Testgröße)

$$t_{BEOB} = \frac{\bar{x}_1 - \bar{x}_2}{s_D}$$

mit

$$s_D = \sqrt{\frac{(n_1-1)\, s_1^2 + (n_2-1)\, s_2^2}{n_1 + n_2 - 2}} \sqrt{\frac{n_1 + n_2}{n_1 n_2}}$$

Vertrauensbereich für den Anteilswert

$$p_{UNTEN}^{OBEN} = \hat{p} \pm u_{1-\alpha/2} \sqrt{\frac{\hat{p}(1-\hat{p})}{n}}$$

Erforderlicher Stichprobenumfang

$$n' = \frac{u_{1-\alpha/2}^2 \, p(1-p)}{(f')^2}$$

Vertrauensbereich für die Differenz zweier Anteilswerte

$$(p_2 - p_1)_{UNTEN}^{OBEN} = \hat{p}_2 - \hat{p}_1 \pm u_{1-\alpha/2} \sqrt{\frac{\hat{p}_2(1-\hat{p}_2)}{n_2} + \frac{\hat{p}_1(1-\hat{p}_1)}{n_1}}$$

$\bar{x}$/R-Karte: Eingriffsgrenzen

$OEG_R = D_2 \cdot \bar{R} \quad UEG_R = D_1 \cdot \bar{R}$

$OEG_{\bar{x}} = \bar{\bar{x}} + A_1 \cdot \bar{R} \quad UEG_{\bar{x}} = \bar{\bar{x}} - A_1 \cdot \bar{R}$

$\bar{x}/s$-Karte: Eingriffsgrenzen

$OEG_s = B_2 \cdot s$ $\qquad$ $UEG_s = B_1 \cdot s$

$OEG_{\bar{x}} = \bar{\bar{x}} + A_2 \cdot \bar{s}$ $\qquad$ $UEG_{\bar{x}} = \bar{\bar{x}} - A_2 \cdot \bar{s}$

Ausschöpfungsfaktor

$$c_p = \frac{OSG - USG}{6s}$$

Zentrierter Ausschöpfungsfaktor

$$c_{pk} = \min\left[\frac{\bar{x} - USG}{3s}\,;\,\frac{OSG - \bar{x}}{3s}\right]$$

Korrelationsrechnung

Korrigierter Pearsonsche Kontingenzkoeffizient

$$K^* = \sqrt{\frac{\min(r,s)}{\min(r,s)-1}} \cdot \sqrt{\frac{\chi^2}{\chi^2 + n}}$$

Spearmanscher Rangkorrelationskoeffizient

$$r_s = 1 - \frac{6 \sum_{i=1}^{n} \left[R(x_i) - R(y_i)\right]^2}{n(n^2 - 1)}$$

Korrelationskoeffizient nach Bravais und Pearson

$$r = \frac{\sum_{i=1}^{n}(x_i - \bar{x})(y_i - \bar{y})}{\sqrt{\sum_{i=1}^{n}(x_i - \bar{x})^2 \sum_{i=1}^{n}(y_i - \bar{y})^2}}$$

Partieller Korrelationskoeffizient

$$r_{yx_1 \cdot x_2} = \frac{r_{yx_1} - r_{x_1 x_1} \cdot r_{yx_2}}{\sqrt{(1 - r_{x_1 x_2}^2) \cdot (1 - r_{yx_2}^2)}}$$

Formelsammlung — Regressionsrechnung

Multipler Korrelationskoeffizient

$$r_{y \cdot (x_1 x_2)} = \sqrt{\frac{r_{yx_1}^2 + r_{yx_2}^2 - 2 r_{yx_1} r_{yx_2} r_{x_1 x_2}}{1 - r_{x_1 x_2}^2}}$$

Regressionsrechnung

Methode der kleinsten Quadrate

$$\sum_{i=1}^{n} e_i^2 = \sum_{i=1}^{n} (y_i - \hat{y}_i)^2 \longrightarrow \min$$

Einfache lineare Regression

$$b = \frac{\sum_{i=1}^{n} y_i x_i - \frac{1}{n} \sum_{i=1}^{n} y_i \sum_{i=1}^{n} x_i}{\sum_{i=1}^{n} x_i^2 - \frac{1}{n} \left[\sum_{i=1}^{n} x_i \right]^2}$$

$$a = \frac{1}{n} \left[\sum_{i=1}^{n} y_i - b \sum_{i=1}^{n} x_i \right]$$

Bestimmtheitsmaß

$$B = \frac{\frac{1}{n-1} \sum_{i=1}^{n} (\hat{y}_i - \bar{y})^2}{\frac{1}{n-1} \sum_{i=1}^{n} (y_i - \bar{y})^2}$$

Zweifache lineare Regression

$$b_1 = \frac{s_{y,1} s_2^2 - s_{y,2} s_{1,2}}{s_1^2 s_2^2 - (s_{1,2})^2}$$

$$b_2 = \frac{s_{y,2} s_1^2 - s_{y,1} s_{1,2}}{s_1^2 s_2^2 - (s_{1,2})^2}$$

$$a = \frac{1}{n} \sum_{i=1}^{n} y_i - b_1 \frac{1}{n} \sum_{i=1}^{n} x_{1i} - b_2 \frac{1}{n} \sum_{i=1}^{n} x_{2i}$$

Regressionsrechnung — Formelsammlung

Test des Regressionskoeffiezienten b (Testgröße)

$$t_{BEOB} = \frac{b}{s_b}$$

mit:

$$s_b = \sqrt{\frac{s_e^2}{(n-1)\, s_x^2}}$$

Test des Regressionskoeffizienten a (Testgröße)

$$t_{BEOB} = \frac{a}{s_a}$$

mit:

$$s_a = s_b \sqrt{\frac{\sum_{i=1}^{n} x_i^2}{n}}$$

Vertrauensbereiche für die Regressionskoeffizienten

$$\beta_{UNTEN}^{OBEN} = b \pm t_{1-\alpha/2;FG} \cdot s_b$$

Vertrauensbereiche für die Regressionskoeffizienten

$$\beta_{UNTEN}^{OBEN} = b \pm t_{1-\alpha/2;FG} \cdot s_b$$

$$\alpha_{UNTEN}^{OBEN} = a \pm t_{1-\alpha/2;FG} \cdot s_a$$

Vertrauensbereich für die Regressionsgerade

$$y_{UNTEN}^{OBEN} = \hat{y}_0 \pm t_{1-\alpha/2;FG} \cdot s_{\hat{y}}$$

mit

$$s_{\hat{y}}^2 = s_e^2 \left(\frac{1}{n} + \frac{(x_0 - \bar{x})^2}{\sum_{i=1}^{n} (x_i - \bar{x})^2} \right)$$

Trendrechnung

Gleitende Dreier-Durchschnitte

$$y'_2 = \frac{y_1 + y_2 + y_3}{3}$$

$$y'_3 = \frac{y_2 + y_3 + y_4}{3}$$

Gleitende Vierer-Durchschnitte

$$y'_3 = \frac{0{,}5\,y_1 + y_2 + y_3 + y_4 + 0{,}5\,y_5}{4}$$

$$y'_4 = \frac{0{,}5\,y_2 + y_3 + y_4 + y_5 + 0{,}5\,y_6}{4}$$

Lineare Trendextrapolation

$$b = \frac{T \sum_{i=1}^{T} t_i y_i - \sum_{i=1}^{T} t_i \sum_{i=1}^{T} y_i}{T \sum_{i=1}^{T} t_i^2 - \left(\sum_{i=1}^{T} t_i\right)^2}$$

$$a = \bar{y} - b\bar{t}$$

Prognose

$$y_{T+1} = a + b(T+1)$$

Exponentielle Glättung erster Ordnung

$$\bar{y}_t^{(1)} = A y_t + A(1-A) y_{t-1} + A(1-A)^2 y_{t-2} + \ldots = A y_t + (1-A) \bar{y}_{t-1}^{(1)}$$

Exponentielle Glättung zweiter Ordnung

$$\bar{y}_t^{(2)} = A \bar{y}_t^{(1)} + (1-A) \bar{y}_{t-1}^{(2)}$$

Prognosewerte mit exponentieller Glättung zweiter Ordnung

$$\hat{y}_{t+\tau} = a_t + b_t \tau$$

mit

$$a_t = 2\bar{y}_t^{(1)} - \bar{y}_t^{(2)}$$

$$b_t = \frac{A}{1-A} (\bar{y}_t^{(1)} - \bar{y}_t^{(2)})$$

Stichwortverzeichnis

Betriebliche Statistik

In dem folgenden Stichwortverzeichnis bedeutet zum Beispiel:

Bestimmheitsmaß **112,** 130

Das Stichwort „Bestimmtheitsmaß" ist auf Seite 112 definiert (deshalb ist diese Angabe fett gedruckt); außerdem findet sich auf der Seite 130 eine weitere Aussage zu diesem Stichwort.

A

Anpassungstest, χ^2	70
Assoziationsmaße	**112**
Ausschöpfungsfaktor	106
–, zentrierter	107
Auswahl, bewußte	**22**
–, typische	24
–, Zufall	22

B

Bestimmheitsmaß	**112**, 130
–, Test	142
Binomialverteilung	92
Bravais-Pearson-Korrelationskoeffizient	117

D

Dichtefunktion	61

E

Eingriffsgrenzen	101

F

Fehler 1. Art	86
Fehler 2. Art	86

G

Glättung, exponentielle, 1. Ordnung	166
–, 2. Ordnung	166
Grenzwertsatz, zentraler	65
Grundgesamtheit	11
–, Vertrauensbereich für den unbekannten Anteilswert	93

H

Häufigkeit, normierte relative	40
Häufigkeitsverteilung	32
Häufigster Wert (Modalwert)	47
Histogramm	39

I

Interpolation	44
–, lineare	45
–, nicht lineare	46
Intervallskala	19

K

Klassen	37
Klassenbildung	37
Klassenbreite	37
Klassenmitte	37
Klassenobergrenze	38
Klassenuntergrenze	38
Klumpenstichprobe	25
Kolmogorov-Smirnov-Test	68
Kontingenzkoeffizient, Pearsonscher	112
Konzentrationsprinzip	24
Korrelationskoeffizient	**112**
–, Bravais-Pearson	117
–, multipler	121
–, partieller	**121**
Korrelationsrechnung	**110**
Kovarianzen	132
Kreisdiagramm	30

L

Lagemaße	**47**
Lineare Regression, einfache	125
–, mehrfache	**131**

M

Median (Zentralwert)	17
Merkmal	19
–, diskrete	19
–, stetige	19
Merkmalsausprägung	19
Methode der exponentiellen Glättung	**161**
Methode der gleitenden Durchschnitte	**161**
Methode der kleinsten Quadrate	126
Mittel, arithmetisches	47
Mittelwert, Test des arithmetischen	87
–, Vertrauensbereich	78
Modalwert (häufigster Wert)	47

N

Nichtlineare Regression	**138**
Nominalskala	19
Nominal-skalierte Merkmale, Vertrauensbereich	92
Normalverteilung	62

O

Ordinalskala	19

P

Pearsonscher Kontingenzkoeffizient	112
Planzeitermittlung	153
Prognose	161
Prozeßfähigkeit	97
Prozeßfähigkeitsanalyse	105
Prozeßregelung	97
Punktdiagramm	35

Q

Qualitätskontrolle, statistische	97
Qualitätsregelkarte	97
Quotenauswahl	24

R

Rangkorrelationskoeffizient	**112**
–, Spearmanscher	115
Regelungs-Band	103
Regression, einfache lineare	125
–, mehrfache lineare	**131**
–, nichtlineare	**138**
–, zweifache lineare	131
Regressionsfunktion	129
Regressionskoeffizient, Test	143
–, Vertrauensbereich	148
Regressionsmodell	130
Regressionsrechnung	**111**
Repräsentativität	22
Residuen	129

S

Scheinkorrelation	122, 173
Skala, metrische	19
Spannweite	**52**
–, einfache	52
Spearmansche Rangkorrelationskoeffizient	115
Spezifikationsgrenze	105
Stabdiagramm	32
Standardabweichung	52
–, Test	88
–, Vertrauensbereich	82
Statistik, beschreibende	28
–, schließende	60
Stichprobe	10
Stichprobenumfang, erforderlicher	81
–, notwendiger	94
Streuungsmaße	52
Summenhäufigkeit	33
Summenhäufigkeitsfunktion	33

T

Teilerhebung	21
Test auf Ausreißer	76
Testverfahren	**85**
Trendextrapolation	**163**
Trendrechnung	**111**, 161

V

Varianz	52
Variationskoeffizient	57
Verhältnisskala	19
Vertrauensbereich	80
–, für den arithmetischen Mittelwert	77
–, für den Mittelwert	**78**
–, für den unbekannten Anteilswert der Grundgesamtheit	93
–, für die Differenz zweier Anteilswerte	95
–, für die Differenz zweier Mittelwerte	83
–, bei nominal-skalierten Merkmalen	92
–, für die Regressionskoeffizienten	148
–, für die Standardabweichung	82
–, relativer	80

Stichwortverzeichnis

Vollerhebung	21

Z

Zeitreihe	161
Zentralwert (Median)	47
Zufallsauswahl	**22**
Zufallsstichprobe, einfache	25
–, geschichtete	25
Zweistichprobentest für die Differenz zweier arithmetischer Mittelwerte	89

Methodenlehre der Betriebsorganisation (MLBO)

Abkürzungsverzeichnis zu den lieferbaren Teilen der Methodenlehre

Grundlagen der Arbeitsgestaltung	AGG
Arbeitsgestaltung in der Produktion	AGP
Arbeitspädagogik	AP
Anforderungsermittlung (Arbeitsbewertung)	AE
Entgeltdifferenzierung	ED
Planung und Gestaltung komplexer Produktionssysteme	KPS
Planung und -steuerung, Teile 1-6	PS 1-6
Arbeitsgestaltung im Bürobereich	AGB
Aufbauorganisation	ABO
Ablauforganisation im Bürobereich	ALO
Datenermittlung	DE
Lexikon der Betriebsorganisation	LBO